Ava Brooks

Ciclos de Poder
O Despertar do Sagrado Feminino

Sumário

Prólogo

Há uma força latente em ti, uma presença poderosa que clama por despertar, mas que, por eras, foi submersa por convenções, silenciada por vozes que tentaram ditar o que é certo e o que é permitido sentir. Porém, neste exato momento, algo sussurra ao teu íntimo, convidando-te a uma jornada para dentro de ti mesmo, onde segredos profundos do universo se entrelaçam com a essência do teu ser. Aquilo que até agora parecia um mistério, uma intuição que te acompanha como sombra, pede para ser desvendado. Este livro, que repousa em tuas mãos, é o portal que te conduz ao reencontro com essa parte essencial e eterna.

As páginas que seguirás são como um mapa desenhado com traços ancestrais, delineando os caminhos do Sagrado Feminino, uma energia que reside não apenas no corpo físico, mas em cada fibra do espírito, e que transcende o próprio gênero. Ela pulsa em tua essência, convida-te a compreender a linguagem dos chakras, a reconhecer a vastidão de sabedorias perdidas e a integrar novamente o equilíbrio entre intuição e razão. Neste reencontro, o mundo físico revela-se uma ponte entre o terreno e o divino, e cada chakra, um ponto de poder que conecta o corpo à alma, permitindo que tu desvende as sombras, cure feridas antigas e alinhe a tua própria existência com o fluxo do universo.

Esquece os conceitos que até agora aprisionaram a tua percepção de ti mesmo e do teu entorno. Aqui, não há exigência de qualquer perfeição, apenas o convite para que te aproximes da tua essência de forma autêntica, aceitando a tua vulnerabilidade como parte da tua força. Ao abrir o primeiro capítulo, uma atmosfera diferente se instala, como se uma música oculta começasse a soar dentro de ti. Cada palavra se torna uma chave, cada símbolo, um guia, e ao seguir estas direções, sentirás a abertura de um espaço sagrado onde os ciclos da natureza e as fases da lua refletem o teu próprio ritmo interior, oferecendo uma visão mais completa e amorosa de quem és e do potencial que carregas.

Permite que o teu coração, assim como cada um dos teus centros energéticos, vibre em sintonia com esta leitura. Mergulhar no poder do Sagrado Feminino é entender o amor e o respeito profundos que nutrem a vida e que se espelham em ti. Cada capítulo revela como o Sagrado Feminino manifesta-se no teu ser, como tua intuição se torna mais nítida e tua compaixão se expande, conduzindo-te a um estado de harmonia que pulsa desde as raízes do teu corpo até o teu espírito. A jornada que te espera não é apenas a descoberta de informações, mas a abertura de uma nova percepção da vida, onde o corpo e a alma se conectam em uma sinfonia vibrante.

Podes já sentir o chamado. É a energia da Kundalini, a serpente adormecida que, ao se elevar, ativa cada chakra e transforma cada célula em uma centelha de luz, sabedoria e conexão. Ela quer despertar, assim como tu desejas sentir-te plenamente vivo e em sintonia com a vastidão que te rodeia. O caminho do Sagrado Feminino ensina que esta transformação não requer grandes revoluções externas, mas uma suave e profunda mudança interna. Neste processo, as práticas simples, como a respiração consciente, a meditação e o autocuidado, se tornam pontes que conectam o visível ao invisível, o finito ao infinito, revelando que o poder reside em cada escolha de viver em plena conexão contigo e com o universo.

Cada palavra deste livro te conduzirá a uma nova forma de perceber-te e de agir, promovendo uma profunda cura e despertando em ti uma força criativa e transformadora. Permite-te viver esta experiência com entrega, sabendo que o Sagrado Feminino desperta na medida em que acolhes o que há de mais genuíno em ti. Teus ciclos, emoções e intuições serão honrados, e tu descobrirás que o verdadeiro poder vem de dentro, de uma harmonia que une o corpo e o espírito em comunhão com a natureza. Este é o início de uma transformação, uma reconexão com o que és e com o que sempre foste. Deixa que o livro te guie, página após página, para que descubras a beleza e a sabedoria contidas na tua própria energia e no universo que te envolve.

Capítulo 1
Introdução ao Sagrado Feminino

O conceito de Sagrado Feminino resgata uma sabedoria ancestral que transcende gerações, tempos e culturas. Para compreendê-lo, precisamos retornar a uma era em que a vida estava em total sintonia com os ciclos naturais e em que a figura feminina era venerada como guardiã dos mistérios da criação e da existência. Essa essência feminina sagrada não se limita ao gênero; ela é uma força universal, que reside em homens e mulheres, e que representa as qualidades de nutrição, compaixão, intuição e conexão com o mundo natural. Entender o Sagrado Feminino é, de certo modo, mergulhar no âmago do que significa estar vivo, plenamente desperto e em harmonia com as forças cósmicas.

Historicamente, o Sagrado Feminino foi incorporado através de figuras e arquétipos de deusas, símbolos de fertilidade, sabedoria e poder transformador. A mulher, assim como a Terra, era vista como fonte de vida e sustento, um reflexo dos ciclos eternos de nascimento, morte e renascimento. Em sociedades matriarcais e, posteriormente, em sociedades com forte presença espiritual feminina, o Sagrado Feminino foi cultivado e respeitado. Muitas culturas antigas viam a Mãe Terra, ou a Deusa Mãe, como uma divindade suprema, a origem de tudo, representando tanto a criação quanto a destruição, em uma dança eterna de transformação.

O Sagrado Feminino vai além do papel feminino no contexto biológico ou social; ele representa uma forma de ser que abrange características femininas, como a receptividade, a introspecção e a empatia. No entanto, com a chegada das sociedades patriarcais e o avanço da racionalidade sobre a intuição, esse poder foi suprimido. As práticas espirituais que honravam a energia feminina foram reprimidas ou interpretadas como ameaças ao poder estabelecido. Consequentemente, a humanidade perdeu uma conexão vital com o feminino e com a natureza. Esse distanciamento resultou em séculos de desconexão com o corpo, com a intuição e com o ciclo natural da vida.

Ao resgatar o Sagrado Feminino, entramos em contato com uma força que nos convida a cultivar um olhar mais profundo e intuitivo sobre nós mesmos e o mundo ao nosso redor. Essa energia é essencialmente circular e fluida, em contraste com as estruturas lineares que predominam na sociedade moderna. O Sagrado Feminino nos ensina a abraçar nossas emoções, a respeitar nossos ritmos internos e a honrar a sabedoria que nasce do silêncio e da contemplação. É a antítese do imediatismo e da superficialidade, levando-nos a um entendimento mais holístico e espiritual da existência.

Nesse contexto, o sistema de chakras se apresenta como um instrumento poderoso para equilibrar e alinhar as energias do corpo, mente e espírito. Os chakras são centros energéticos que conectam nosso corpo físico ao corpo espiritual, e cada um deles influencia áreas específicas de nossa vida, desde as necessidades básicas de segurança e pertencimento até a busca por iluminação espiritual e conexão divina. Quando alinhados, esses centros energéticos proporcionam uma sensação de plenitude e bem-estar, refletindo harmonia interna e externa.

O sistema de chakras é composto por sete centros principais, cada um associado a uma cor, elemento e função particular. Na base, encontramos o Chakra Raiz, que representa a segurança e a estabilidade. Ele é a fundação de todo o sistema energético, conectando-nos com a Terra e com nossas necessidades básicas de sobrevivência e estabilidade. Acima dele, o Chakra Sacral governa as emoções e a criatividade, sendo o centro da energia sexual e da capacidade de criação, aspectos profundamente interligados ao Sagrado Feminino.

No terceiro chakra, o Plexo Solar, encontramos o poder pessoal e a autoestima. Este centro reflete nossa capacidade de agir no mundo com confiança e de expressar nossa autenticidade. Já o Chakra Cardíaco, localizado no coração, é o ponto central do sistema e o portal do amor e da compaixão. Quando equilibrado, ele promove a aceitação e o perdão, qualidades fundamentais na jornada do Sagrado Feminino.

No quinto chakra, o Laríngeo, encontramos a expressão e a comunicação, áreas que têm sido desafiadoras para muitas mulheres ao longo da história. A expressão verdadeira é uma forma de manifestar o Sagrado Feminino, libertando-se de padrões impostos e revelando a voz autêntica. No sexto chakra, o Chakra Frontal ou Terceiro Olho, está a intuição e a sabedoria. Este é o centro de visão interior, onde reside a capacidade de enxergar além do visível, de intuir as verdades que se ocultam no plano físico. Por fim, o Chakra Coronário, localizado no topo da cabeça, conecta-nos ao divino e à unidade com o cosmos. Ele representa a iluminação e a compreensão de que somos todos parte de algo maior.

Para uma mulher, a jornada de conexão com o Sagrado Feminino através dos chakras pode ser especialmente poderosa, pois toca áreas profundamente arraigadas na psique feminina, como a segurança emocional, a expressão criativa, o amor e a intuição. O despertar dessa energia é, na verdade, um processo de cura e de resgate de si mesma. Muitas mulheres carregam em seus corpos e em suas memórias emocionais traumas que foram passados de geração em geração. Esses traumas se manifestam como bloqueios nos chakras, dificultando a fluidez energética e impactando o bem-estar físico, emocional e espiritual. O Sagrado Feminino oferece a oportunidade de liberar essas energias, de ressignificar as dores e de despertar um novo senso de poder pessoal.

Este processo de cura envolve práticas como a meditação, o uso de cristais, a aromaterapia, os rituais com a natureza e a prática da gratidão e do autocuidado. Cada chakra responde de forma particular a diferentes técnicas, e as práticas que serão exploradas nos capítulos seguintes guiam a cura de cada centro de energia, desbloqueando o potencial que reside dentro de cada um de nós. O ato de harmonizar os chakras é, ao mesmo tempo, um caminho de autoconhecimento e um retorno ao estado de harmonia natural com o cosmos.

O Sagrado Feminino também está profundamente interligado aos ciclos da natureza e às fases da Lua, que têm uma conexão direta com o ciclo menstrual feminino. As mulheres têm uma ligação intuitiva com a Lua e suas mudanças, e o Sagrado Feminino nos convida a honrar esses ciclos internos, ao invés de lutar contra eles. Cada fase da Lua reflete uma qualidade energética diferente, e aprender a trabalhar em sintonia com esses ciclos fortalece a conexão com a própria essência. A Lua Nova, por exemplo, simboliza o início de novos ciclos, um momento de introspecção e renovação, enquanto a Lua Cheia representa a culminação e a expressão plena, quando as intenções lançadas anteriormente florescem.

Em muitos aspectos, o Sagrado Feminino representa a aceitação do processo de transformação contínua, reconhecendo que a vida é um fluxo constante de mudanças e renovações. Cada fase de nossa vida — seja na infância, adolescência, maturidade ou velhice — traz aprendizados específicos e contribui para nossa evolução espiritual. O Sagrado Feminino nos ensina a aceitar e acolher essas mudanças, reconhecendo a beleza e a sabedoria que surgem de cada experiência.

Ao embarcar na jornada de conexão com o Sagrado Feminino, é fundamental que cultivemos a prática do autocuidado e da autocompaixão. Em uma sociedade que muitas vezes exalta a produtividade e a ação constante, dedicar tempo para si mesma pode ser visto como algo egoísta ou desnecessário. No entanto, o autocuidado é uma forma de restaurar a energia vital, permitindo que possamos cuidar melhor de nós mesmos e dos outros. Práticas como a meditação, a respiração consciente e o movimento corporal são fundamentais para esse processo de retorno ao centro. Essas práticas ajudam a manter a energia dos chakras equilibrada, promovendo um estado de paz interior e bem-estar.

O despertar do Sagrado Feminino, assim como o processo de alinhamento dos chakras, não é um evento único, mas um caminho que se revela ao longo do tempo. Cada experiência, desafio e aprendizado faz parte de um processo contínuo de autodescoberta e crescimento. Este despertar é, na verdade, uma volta ao lar, uma reconexão com uma sabedoria interna que sempre esteve presente, mas que muitas vezes se encontra adormecida devido às distrações e aos condicionamentos externos.

Para aqueles que se abrem a essa jornada, o Sagrado Feminino oferece um senso renovado de propósito e uma maior conexão com o universo. Através do sistema de chakras, a energia feminina flui e se expande, trazendo clareza, cura e transformação. É um caminho de volta ao próprio coração, ao mistério da vida e ao entendimento de que somos todos parte de um todo maior.

O Sagrado Feminino e os chakras nos ensinam que a verdadeira espiritualidade não está separada do corpo, mas sim, incorporada nele. Através do corpo, encontramos o sagrado; através das emoções, descobrimos a cura; e através da conexão com a Terra e com o cosmos, reconhecemos nossa natureza divina. Ao abraçar o Sagrado Feminino, abraçamos nossa totalidade, permitindo que a energia de cada chakra flua livremente, trazendo luz e vitalidade para cada aspecto do nosso ser.

Essa é uma jornada que exige coragem, paciência e comprometimento, mas que nos recompensa com um profundo senso de paz, amor e unidade. Em cada um de nós, o Sagrado Feminino nos chama a viver em harmonia, a caminhar com consciência e a honrar a divindade que habita em cada célula, em cada respiração e em cada pensamento. Ao iniciar essa jornada, preparamos o terreno para a cura, o equilíbrio e a transformação, não apenas de nós mesmos, mas também do mundo ao nosso redor.

Capítulo 2
Sistema de Chakras

A compreensão do sistema de chakras nos conduz a uma dimensão de existência onde corpo, mente e espírito se entrelaçam em uma dança energética sutil, mas profundamente poderosa. O conceito de chakras surge na tradição hinduísta, especialmente no Tantra e no Yoga, representando centros de energia que, quando em harmonia, promovem o equilíbrio integral do ser. Esses centros energéticos estão distribuídos ao longo da coluna vertebral, partindo da base até o topo da cabeça, formando um elo entre nossa natureza física e nossa essência espiritual. Assim, o sistema de chakras é uma chave para entender como nossas emoções, pensamentos e estados físicos estão interligados, influenciando nosso bem-estar e, muitas vezes, a própria direção de nossa vida.

Cada chakra possui uma cor específica e uma vibração única que ressoa com uma área particular do nosso ser. Os chakras mais inferiores estão mais conectados com o corpo físico e as necessidades terrenas, como sobrevivência, segurança e poder pessoal. Já os chakras superiores estão associados aos aspectos espirituais e transcendentais, como o amor, a comunicação verdadeira, a intuição e a conexão com o divino. Juntos, formam um sistema que, quando alinhado, proporciona um fluxo de energia equilibrado, facilitando a expressão plena de nossas capacidades e talentos.

O Chakra Raiz, conhecido como Muladhara, é o primeiro ponto de energia desse sistema. Localizado na base da coluna, ele representa a fundação de nossa existência e está diretamente ligado à sensação de segurança e estabilidade. É a base sobre a qual todos os outros chakras se apoiam e, por isso, sua harmonia é essencial. Quando o Chakra Raiz está equilibrado, sentimo-nos conectados à Terra, ancorados e em paz com as necessidades materiais da vida. No entanto, quando ele está bloqueado ou desequilibrado, podem surgir medos, inseguranças e uma sensação de desconexão. A cor que o representa é o vermelho, vibrante e energizante, que nos lembra da vitalidade e do poder de estarmos totalmente presentes no aqui e agora.

Acima do Chakra Raiz, encontramos o Chakra Sacral, ou Svadhisthana. Esse chakra é o centro das emoções, da criatividade e da energia sexual. Sua localização é logo abaixo do umbigo, e ele é representado pela cor laranja, que simboliza a alegria e a vitalidade. O Chakra Sacral governa o prazer e a capacidade de criação, não apenas no sentido físico, mas também na expressão de ideias e projetos. Quando equilibrado, permite uma expressão saudável das emoções e uma relação positiva com o prazer e a criatividade. Um bloqueio nesse centro pode levar à repressão emocional, à dificuldade em expressar os desejos e até a problemas relacionados à sexualidade.

Subindo na coluna, encontramos o Chakra do Plexo Solar, ou Manipura, localizado na região do estômago. Este é o centro do poder pessoal, da autoconfiança e da força de vontade. Associado à cor amarela, o Plexo Solar irradia a energia da ação e da determinação, ajudando-nos a expressar nossa autenticidade e a tomar decisões com clareza. Quando este chakra está em equilíbrio, sentimos uma forte autoestima e a coragem para enfrentar desafios e concretizar nossos objetivos. No entanto, um desequilíbrio nesse centro energético pode se manifestar como baixa autoestima, procrastinação ou, em alguns casos, uma postura excessivamente dominadora.

O quarto chakra é o Chakra Cardíaco, ou Anahata, localizado no centro do peito, na altura do coração. Este chakra é o ponto de conexão entre os chakras inferiores, mais físicos, e os chakras superiores, mais espirituais. Ele é o centro do amor, da compaixão e da empatia. Representado pela cor verde, o Chakra Cardíaco é o canal pelo qual experimentamos o amor

14

incondicional e o sentimento de unidade com o universo. Quando equilibrado, permite relacionamentos harmoniosos e a capacidade de perdoar e aceitar a si mesmo e aos outros. Um bloqueio neste chakra pode resultar em sentimentos de amargura, dificuldade em confiar nas pessoas e uma sensação de isolamento.

No nível da garganta, encontramos o Chakra Laríngeo, ou Vishuddha, o quinto chakra, que está associado à comunicação e à expressão da verdade. Representado pela cor azul, ele rege nossa capacidade de nos expressarmos de forma clara e autêntica. Este chakra é essencial para a manifestação da verdade interior, permitindo que nossas palavras reflitam quem realmente somos. Um Chakra Laríngeo equilibrado proporciona uma comunicação assertiva e honesta, enquanto um bloqueio pode resultar em dificuldades para expressar pensamentos e sentimentos, levando à repressão emocional e à falta de autenticidade nas interações.

O sexto chakra, conhecido como Chakra Frontal ou Ajna, é o famoso "Terceiro Olho", localizado entre as sobrancelhas. Ele representa a intuição, a sabedoria e a visão interior. Este chakra é o centro da percepção e nos permite ver além do que é visível aos olhos físicos. Quando o Chakra Frontal está equilibrado, experimentamos uma intuição aguçada e uma clareza mental que facilita o discernimento. A cor índigo é associada a este chakra, refletindo a profundidade e a espiritualidade que ele representa. Um desequilíbrio no Terceiro Olho pode resultar em falta de clareza, confusão e dificuldade em conectar-se com a intuição.

No topo da cabeça está o sétimo chakra, o Chakra Coronário, ou Sahasrara. Este é o portal de conexão com o divino, representando a espiritualidade e a iluminação. Ele é geralmente associado à cor violeta ou branca, simbolizando a pureza e a expansão da consciência. Quando o Chakra Coronário está em harmonia, sentimos uma profunda conexão com o cosmos e com uma verdade que transcende o mundo físico. Essa conexão espiritual nos proporciona um senso de unidade e propósito, uma compreensão de que somos parte de algo muito maior do que nós mesmos. No entanto, um desequilíbrio neste chakra pode nos fazer sentir desconectados, sem propósito e espiritualmente vazios.

O fluxo energético entre os chakras é essencial para o bem-estar físico, emocional e espiritual. Quando todos os chakras estão em harmonia, o resultado é um estado de equilíbrio em que nos sentimos energizados, focados e conectados com nossa essência mais profunda. No entanto, bloqueios energéticos podem ocorrer em qualquer um dos chakras, seja devido a traumas, estresse ou padrões de pensamento negativos. Esses bloqueios afetam o fluxo de energia pelo corpo, o que, por sua vez, impacta nossa saúde e bem-estar.

Há diversas práticas para equilibrar e harmonizar o sistema de chakras. Cada chakra responde de forma única a diferentes métodos de cura, como a meditação, o uso de cristais, a aromaterapia e os mantras. Por exemplo, a prática da meditação e da respiração consciente ajuda a alinhar o Chakra Raiz, enquanto cristais como a ametista são utilizados para fortalecer o Chakra Frontal. A utilização de óleos essenciais específicos, como a lavanda para o Chakra Coronário e o sândalo para o Chakra Raiz, também tem o poder de sintonizar esses centros energéticos.

A prática de afirmações positivas é outra ferramenta poderosa para alinhar os chakras. Cada chakra possui suas próprias necessidades e desafios, e afirmações específicas podem ajudar a dissolver bloqueios energéticos, promovendo uma visão mais positiva e equilibrada. Por exemplo, afirmar "Eu sou seguro e estou conectado com a Terra" pode fortalecer o Chakra Raiz, enquanto "Eu expresso minha verdade com confiança" ajuda a desbloquear o Chakra Laríngeo.

Além disso, práticas físicas como a ioga oferecem posturas que ativam e equilibram cada chakra. Posturas de equilíbrio, como a posição da árvore, fortalecem o Chakra Raiz, enquanto torções e aberturas de peito são benéficas para o Chakra Cardíaco. Praticar ioga não apenas fortalece o corpo físico, mas também melhora a circulação de energia entre os chakras, proporcionando uma sensação de harmonia e equilíbrio.

O sistema de chakras é um caminho de autoconhecimento, oferecendo-nos uma visão ampla de nossas próprias energias e de como podemos cultivá-las. Cada chakra representa um aspecto da experiência humana e, quando trabalhamos para equilibrá-los, estamos cultivando um estado de integridade e bem-estar. O desequilíbrio em qualquer um desses centros energéticos se reflete em nossa vida, e, ao trazermos atenção e intenção para cada chakra, abrimos o caminho para uma transformação interior.

Ao entender o papel de cada chakra no sistema energético, somos convidados a explorar mais profundamente os aspectos de nós mesmos que ainda precisam ser trabalhados e curados. A cura dos chakras é, portanto, uma jornada de volta para a própria essência, onde os padrões antigos e as feridas emocionais são liberados e transmutados. Em última análise, o alinhamento dos chakras permite uma conexão mais profunda com o eu autêntico e com o divino, possibilitando uma vida mais plena, em harmonia com o universo e com nosso propósito interior.

Capítulo 3
O Feminino e os Chakras

Explorar a conexão entre o Sagrado Feminino e o sistema de chakras é como desvendar um caminho secreto que leva ao poder interno e à harmonia profunda do ser. Essa jornada nos mostra que a energia feminina não apenas permeia cada um dos chakras, mas também os ativa de maneira única, revelando qualidades que ressoam com o âmago do feminino sagrado — a receptividade, a criatividade, o amor, a intuição e a conexão com o divino. Nesse contexto, cada chakra torna-se um portal que não apenas facilita o equilíbrio energético, mas também aprofunda a compreensão de como a energia feminina se manifesta e se expressa em nossas vidas.

O feminino sagrado representa a totalidade e a sabedoria intrínseca, sempre em harmonia com os ciclos da natureza e os ritmos do universo. Quando alinhado aos chakras, o feminino sagrado ganha uma dimensão ainda mais profunda, pois cada chakra nos ensina a reconhecer e a acolher aspectos importantes de nossa natureza, permitindo que o feminino floresça e manifeste-se plenamente. Assim, compreender o papel de cada chakra na expressão da energia feminina é essencial para criar um estado de equilíbrio, onde o autoconhecimento e o empoderamento pessoal se entrelaçam de maneira harmoniosa.

O Chakra Raiz, ou Muladhara, é o alicerce dessa jornada. Ele representa a base de nossa conexão com o mundo físico, promovendo segurança e estabilidade. No Sagrado Feminino, a energia do Chakra Raiz está ligada à relação com a Terra e à capacidade de ancorar-se no presente. Essa conexão com a terra é especialmente poderosa para as mulheres, pois, assim como a

Terra, elas têm a capacidade de gerar e nutrir a vida. A energia feminina nesse chakra é profundamente aterrada, e quando bem cultivada, confere uma sensação de segurança e pertença, essencial para o crescimento espiritual. Mulheres conectadas ao Chakra Raiz de forma equilibrada têm uma ligação intuitiva com a natureza, sentindo-se enraizadas, fortes e resilientes. Essa energia de conexão com o mundo físico é a base que permite a expansão dos outros chakras.

No Chakra Sacral, ou Svadhisthana, reside a energia criativa, a capacidade de dar forma às ideias, sentimentos e à própria vida. Localizado na região pélvica, ele é o centro das emoções, da sensualidade e do prazer. No contexto do Sagrado Feminino, o Chakra Sacral é a essência da força criativa feminina, uma expressão direta da capacidade de dar à luz — seja uma criança, uma ideia ou um projeto. Esse chakra é profundamente sensível e rege a fluidez emocional, a capacidade de se expressar criativamente e de se permitir sentir prazer. Quando o Chakra Sacral está em harmonia, as mulheres experienciam uma relação positiva com seu corpo, suas emoções e sua energia sexual. No entanto, um desequilíbrio nesse centro pode resultar em repressão emocional, dificuldades com a autoexpressão e bloqueios na energia criativa.

Acima dele, o Chakra do Plexo Solar, ou Manipura, localizado na área do estômago, é o centro do poder pessoal, da autoestima e da identidade. É o ponto onde o feminino sagrado se manifesta como força e autodeterminação. A energia feminina nesse chakra relaciona-se à capacidade de ocupar espaço no mundo, de ser fiel a si mesma e de expressar-se de forma autêntica. Um Chakra do Plexo Solar em harmonia permite que as mulheres se sintam confiantes, seguras em seu poder pessoal e capazes de estabelecer limites saudáveis. É aqui que a energia do Sagrado Feminino se fortalece, proporcionando autoconfiança e promovendo uma liderança compassiva. A falta de equilíbrio neste chakra pode resultar em uma sensação de impotência, insegurança e dificuldade para se afirmar.

No Chakra Cardíaco, ou Anahata, que fica na região do coração, encontramos a verdadeira expressão do amor e da compaixão, qualidades inerentes ao Sagrado Feminino. Este chakra é o ponto de convergência entre os chakras inferiores e superiores, e no Sagrado Feminino, ele representa o amor incondicional, a empatia e a habilidade de perdoar. Mulheres com o Chakra Cardíaco em equilíbrio são naturalmente compassivas e capazes de aceitar os outros e a si mesmas, promovendo relações de amor profundo e respeito mútuo. Esse centro energético, representado pela cor verde, também promove a cura emocional, permitindo que feridas antigas sejam curadas e liberadas. Quando o Chakra Cardíaco está em desequilíbrio, pode haver uma tendência à amargura, à dificuldade de se abrir emocionalmente e à sensação de desconexão com o mundo.

O Chakra Laríngeo, ou Vishuddha, localizado na garganta, é o centro da comunicação e da expressão da verdade. No contexto do Sagrado Feminino, ele permite que as mulheres expressem sua voz autêntica, libertando-se de séculos de repressão e silenciamento. A energia feminina no Chakra Laríngeo promove a verdade e a honestidade, incentivando a mulher a se expressar de maneira clara e verdadeira. Esse chakra é a ponte entre o coração e a mente, e quando está em harmonia, permite que as palavras sejam alinhadas com os sentimentos e pensamentos, promovendo uma comunicação verdadeira e empática. Mulheres com o Chakra Laríngeo equilibrado são capazes de expressar seus sentimentos, de serem honestas e de comunicar seus desejos e necessidades de maneira assertiva. Quando há desequilíbrio nesse centro, pode haver medo de falar, dificuldade para se expressar e uma sensação de sufocamento.

No Chakra Frontal, ou Ajna, também conhecido como Terceiro Olho, encontramos a sede da intuição e da sabedoria interior. Este chakra é onde a visão além do físico se manifesta, e no Sagrado Feminino, ele representa a capacidade de enxergar com o "olho da alma". A energia feminina nesse chakra promove a intuição, a sensibilidade espiritual e a capacidade de perceber as sutilezas que muitas vezes passam despercebidas. Quando o

Chakra Frontal está equilibrado, as mulheres têm uma intuição apurada, uma conexão profunda com a própria sabedoria e uma visão clara da própria vida e dos caminhos a seguir. Esse chakra também facilita o acesso ao inconsciente, permitindo a interpretação de sonhos e sinais. O desequilíbrio nesse centro pode resultar em confusão, ansiedade e dificuldade para confiar na própria intuição.

O sétimo chakra, o Chakra Coronário, ou Sahasrara, é o portal para a espiritualidade, representando a unidade com o divino e a compreensão da totalidade. Esse chakra está localizado no topo da cabeça e é o ponto onde a energia do Sagrado Feminino se conecta ao divino, ao universo e ao cosmos. No Sagrado Feminino, o Chakra Coronário representa a conexão com a espiritualidade e com a sabedoria universal. Mulheres com o Chakra Coronário em equilíbrio experimentam uma sensação de paz profunda, uma compreensão da própria divindade e um senso de propósito espiritual. A energia feminina neste chakra promove a iluminação e a unidade, ajudando a reconhecer que tudo está interligado e que cada ser faz parte de um todo maior. Quando há desequilíbrio no Chakra Coronário, pode haver uma sensação de desconexão com a espiritualidade, falta de propósito e até mesmo uma sensação de vazio existencial.

O Sagrado Feminino e os chakras estão interligados de forma profunda, pois cada chakra revela uma faceta da jornada feminina. Esse sistema de centros de energia ajuda a mulher a entender e integrar as diversas faces de sua essência, desde o seu lado mais terreno e físico até o seu aspecto espiritual mais elevado. Cada chakra não só desperta e equilibra uma dimensão da energia feminina, mas também facilita o autoconhecimento e a autotransformação.

Práticas como a meditação, a ioga, o uso de cristais e a prática de afirmações são formas de harmonizar os chakras e permitir que a energia feminina flua livremente. O autoconhecimento e a autocura são passos fundamentais nessa jornada, pois ao curar as energias de cada chakra, a mulher desbloqueia partes de si mesma que talvez estivessem reprimidas ou adormecidas. Essa cura energética não apenas beneficia o indivíduo, mas reverbera em seu entorno, fortalecendo suas relações e sua conexão com o mundo.

Cada chakra traz uma lição para o despertar do Sagrado Feminino. O Chakra Raiz ensina a importância de estar ancorada e de se sentir segura no próprio corpo e no mundo. O Chakra Sacral lembra o poder criativo e a necessidade de expressar as emoções e a sensualidade de maneira livre. O Chakra do Plexo Solar fortalece a autoestima e o poder pessoal, enquanto o Chakra Cardíaco nos mostra a importância do amor e da compaixão. O Chakra Laríngeo incentiva a comunicação autêntica, o Chakra Frontal ilumina a sabedoria intuitiva, e o Chakra Coronário nos conecta ao divino e ao propósito espiritual.

Essa jornada pelos chakras é, portanto, um caminho de transformação e autodescoberta. À medida que cada chakra é trabalhado e harmonizado, a mulher se aproxima de sua verdadeira essência, integrando todas as partes de si mesma em um estado de equilíbrio e plenitude. Esse processo de alinhamento e cura permite que o feminino sagrado floresça, manifestando-se plenamente e contribuindo para uma vida mais consciente, harmoniosa e espiritualmente enriquecida.

Capítulo 4
A Energia Kundalini

A energia Kundalini é frequentemente descrita como uma força vital adormecida, uma serpente enroscada na base da coluna, que, quando despertada, ascende em espiral pelos chakras, ativando e harmonizando cada um deles em sua jornada de elevação. Para aqueles que mergulham na busca pelo autoconhecimento e pelo despertar espiritual, o entendimento e a ativação da Kundalini representam um caminho de transformação profunda. Essa energia, que reside dormente no Chakra Raiz, é a própria essência da força criativa feminina, o poder divino que existe dentro de cada pessoa e que, quando ativado, expande a consciência, promovendo uma integração entre o corpo, a mente e o espírito.

A palavra "Kundalini" deriva do sânscrito e significa "enrolada como uma serpente". Essa imagem de uma serpente enrolada não é casual; ela simboliza o potencial espiritual que se encontra latente dentro de cada um de nós. A serpente é uma metáfora para o poder primal, para o desejo de transcendência e para a sabedoria ancestral. Muitas tradições antigas viam a serpente como símbolo de renovação e imortalidade, pois ela troca de pele, renascendo, num ciclo contínuo. Da mesma forma, a Kundalini representa um renascimento espiritual, um novo começo que surge da conexão com uma energia que sempre esteve ali, aguardando o momento de se manifestar.

No sistema de chakras, a Kundalini é a energia criadora que permeia todo o ser e que, ao ser ativada, desperta o potencial divino de cada chakra. Ela começa no Chakra Raiz, onde simboliza nossa conexão com a Terra e com o mundo físico.

Quando ativada, essa energia desperta cada chakra em sua subida pela coluna vertebral, estimulando o Chakra Sacral e ampliando a criatividade, o prazer e a expressão emocional. A Kundalini, ao passar pelo Chakra do Plexo Solar, desperta o poder pessoal, a autoconfiança e a determinação, fortalecendo o senso de propósito e identidade.

À medida que a Kundalini ascende ao Chakra Cardíaco, sua energia transforma o amor e a compaixão, promovendo uma cura emocional profunda. O coração é o ponto de união entre os chakras inferiores, associados ao mundo material, e os chakras superiores, ligados à espiritualidade. Quando a Kundalini atinge o Chakra Cardíaco, há uma abertura para a empatia universal e para o amor incondicional, tornando-se um ponto de ancoragem espiritual. Ao avançar para o Chakra Laríngeo, a energia Kundalini ativa a verdade e a expressão autêntica, permitindo que a voz seja um canal para a sabedoria divina e para a comunicação verdadeira.

No Chakra Frontal, a Kundalini desperta a intuição e a visão interior, proporcionando uma compreensão além do racional e promovendo uma clareza espiritual. Esse despertar da intuição é um marco na jornada espiritual, pois abre as portas para a sabedoria ancestral e para a percepção das energias sutis. Finalmente, quando a Kundalini alcança o Chakra Coronário, localizado no topo da cabeça, ocorre a união com o divino, a experiência da iluminação e da compreensão da unidade com o cosmos. Essa ascensão completa é muitas vezes descrita como uma fusão com a consciência universal, onde o eu individual se dissolve, reconhecendo-se como parte de um todo maior.

Despertar a Kundalini, no entanto, não é um processo simples nem imediato. Requer preparação, paciência e respeito pela própria energia e limites. O despertar prematuro ou forçado da Kundalini pode gerar efeitos colaterais indesejados, como instabilidade emocional, confusão mental, insônia e até sensações físicas intensas, como calor ou pressão na coluna. Por isso, práticas de preparação são fundamentais para que esse despertar ocorra de maneira equilibrada e segura.

A meditação é uma das principais práticas preparatórias para o despertar da Kundalini. Através da meditação, desenvolvemos o foco e a consciência necessários para canalizar e harmonizar essa energia. A respiração consciente, conhecida como pranayama, também desempenha um papel crucial, pois ajuda a regular o fluxo energético no corpo, preparando-o para receber a força da Kundalini. Exercícios de respiração como o "Kapalabhati" (respiração do fogo) e o "Nadi Shodhana" (respiração alternada) são altamente recomendados para purificar os canais energéticos e preparar o sistema para o despertar.

Outra prática fundamental é a visualização. Através da visualização, podemos estimular a energia Kundalini de forma suave, imaginando-a como uma luz dourada ou uma serpente que sobe lentamente pela coluna. Essa visualização, quando realizada com intenção e concentração, ajuda a fortalecer o canal energético, o "Sushumna", por onde a Kundalini ascende. Praticar a visualização de cada chakra também auxilia na ativação e na harmonização dos centros energéticos, preparando-os para o fluxo de energia intensa que acompanha o despertar da Kundalini.

O uso de mantras e sons sagrados também é amplamente recomendado. Cantar mantras como o "Om", o som primordial, ajuda a alinhar as energias internas e a preparar o corpo para o despertar. Cada chakra possui um som específico, que pode ser entoado para vibrar e harmonizar o centro de energia correspondente. Por exemplo, o mantra "Lam" é associado ao Chakra Raiz, enquanto o "Vam" ao Chakra Sacral, e assim sucessivamente. Esses sons atuam como chaves de desbloqueio, despertando a energia latente de cada chakra e facilitando a passagem da Kundalini.

A prática do ioga também é uma ferramenta poderosa para o despertar da Kundalini. Posturas como a "postura da cobra" (Bhujangasana), a "postura da criança" (Balasana) e a "postura do lótus" (Padmasana) são eficazes para ativar e alinhar a energia dos chakras, preparando o corpo para o fluxo ascendente da Kundalini. Além disso, o ioga fortalece o corpo físico, melhora a flexibilidade e promove o equilíbrio entre corpo e mente, essenciais para o processo de despertar da Kundalini.

O processo de despertar da Kundalini também está intimamente ligado ao autoconhecimento e ao trabalho emocional. A energia Kundalini é muito sensível aos bloqueios emocionais, e traumas passados podem impedir sua subida ou criar interrupções no fluxo. Por essa razão, o processo de cura emocional é crucial. O despertar da Kundalini muitas vezes traz à tona emoções reprimidas e padrões inconscientes, permitindo uma liberação profunda e uma transformação pessoal. A autoconsciência e a aceitação dessas emoções são passos fundamentais na jornada de despertar, pois ajudam a limpar os bloqueios que poderiam dificultar o fluxo da energia.

É importante ressaltar que o despertar da Kundalini é uma jornada única para cada pessoa. Enquanto alguns podem experimentar uma ascensão rápida e intensa, para outros, o processo ocorre de forma mais gradual, permitindo uma integração suave das novas energias. Em ambos os casos, o essencial é a entrega ao processo, o respeito pelo próprio ritmo e a disposição para permitir que a energia Kundalini revele seu potencial transformador. O despertar da Kundalini não é o objetivo final, mas sim uma etapa na jornada espiritual, onde o indivíduo se aproxima de sua essência divina e experimenta uma conexão mais profunda com o universo.

A jornada de ascensão da Kundalini é também um caminho de cura e transformação espiritual. Cada chakra que a Kundalini desperta é um portal que permite o acesso a diferentes dimensões da consciência, promovendo uma visão mais ampla e profunda de quem somos e de nosso propósito na vida. A subida da Kundalini não apenas desperta a consciência, mas também permite que o indivíduo perceba a interconexão entre todas as formas de vida e experimente o estado de unidade com o cosmos.

Para aqueles que buscam o despertar da Kundalini, a jornada é rica em desafios e recompensas. É uma experiência que demanda compromisso, disciplina e uma profunda entrega ao processo espiritual. Em última análise, o despertar da Kundalini é um convite para mergulhar no mistério do próprio ser, para explorar as profundezas da alma e para encontrar o divino que habita em cada célula e em cada respiração. Ao abraçar essa energia, tornamo-nos agentes de transformação, capazes de manifestar uma realidade onde corpo, mente e espírito estão alinhados, e onde o amor, a compaixão e a sabedoria guiam cada passo de nossa jornada.

Ao compreender e despertar a energia Kundalini, reconhecemos o poder criador e transformador que reside dentro de nós. Essa energia, que está intimamente ligada ao Sagrado Feminino, é uma força que nos leva de volta ao nosso eu essencial, ao potencial divino que existe dentro de cada um. Despertar a Kundalini é um ato de coragem, uma escolha de explorar as profundezas do ser e de abrir-se para a totalidade da experiência humana.

Capítulo 5
Preparação para o Caminho Espiritual

O caminho do despertar espiritual exige mais do que apenas conhecimento; ele requer uma preparação cuidadosa do corpo, da mente e da alma. Este capítulo explora as práticas essenciais que criam uma fundação sólida para o equilíbrio energético e o alinhamento dos chakras, preparando o indivíduo para a jornada de expansão da consciência. Com um corpo fortalecido, uma mente serena e um espírito aberto, é possível trilhar este caminho de autoconhecimento e harmonia com mais segurança e profundidade, permitindo que a energia flua livremente e que o Sagrado Feminino desperte em sua plenitude.

O primeiro passo para preparar-se para o alinhamento dos chakras e o despertar do Sagrado Feminino é o autoconhecimento. Conhecer-se é compreender as próprias emoções, reconhecer as limitações e os bloqueios que foram acumulados ao longo do tempo. O autoconhecimento permite que se identifiquem padrões de comportamento e emoções não resolvidas que podem estar bloqueando o fluxo de energia. É importante cultivar a habilidade de observar os próprios pensamentos e sentimentos sem julgá-los, apenas como um processo de aceitação e compreensão.

Meditação é uma das práticas fundamentais nesse processo de autoconhecimento. Ela ensina a mente a silenciar e permite que o indivíduo entre em contato com camadas mais profundas do seu ser. A prática meditativa auxilia na identificação de padrões de pensamento e emoções que, muitas vezes, passam despercebidos no dia a dia. Ao praticar a meditação diariamente, a mente se torna mais serena e menos reativa, permitindo uma maior abertura para as experiências espirituais. Existem várias formas de meditação, mas o mais importante é encontrar uma prática que ressoe com o indivíduo e que possa ser mantida de forma constante.

Outra prática essencial é a respiração consciente, também conhecida como pranayama, que é a arte de controlar a respiração para equilibrar a energia vital no corpo. A respiração consciente ajuda a manter a energia dos chakras fluindo de maneira harmoniosa, e diferentes técnicas de respiração podem ser usadas para estimular ou acalmar cada centro energético. Uma técnica simples, porém eficaz, é a respiração profunda, onde a inspiração e a expiração são prolongadas e ritmadas. Essa prática acalma o sistema nervoso, reduz a ansiedade e prepara o corpo para experiências espirituais mais intensas. Técnicas como a respiração alternada (Nadi Shodhana) também são recomendadas, pois ajudam a equilibrar os canais de energia e a limpar as vias energéticas, promovendo a harmonia interna.

A prática da gratidão é outro passo significativo na preparação para o caminho espiritual. Ao cultivar a gratidão, o coração se abre e a energia flui com mais facilidade. A gratidão é uma expressão de aceitação e reverência pela vida, e essa atitude fortalece o Chakra Cardíaco, promovendo a empatia e o amor. Manter um diário de gratidão pode ser uma prática simples, mas poderosa, anotando diariamente três coisas pelas quais se é grato. Isso ajuda a redirecionar a atenção para os aspectos positivos da vida, cultivando uma mentalidade de abundância e conexão com o universo.

A purificação do corpo é outro aspecto importante na preparação para a jornada espiritual. O corpo é o templo onde o espírito habita, e, como tal, deve ser cuidado e purificado. O consumo consciente de alimentos naturais e nutritivos, livres de toxinas e substâncias artificiais, fortalece o corpo e promove a clareza mental. Evitar alimentos processados, álcool e outras substâncias que sobrecarregam o corpo é uma prática recomendada, pois essas substâncias tendem a baixar a vibração energética. A hidratação é igualmente importante, pois a água purifica e revitaliza o corpo, ajudando a liberar toxinas e a manter o fluxo de energia em harmonia.

Movimentos físicos, como os praticados no ioga, são essenciais para alinhar e equilibrar o sistema de chakras. O ioga não apenas fortalece o corpo físico, mas também promove o equilíbrio mental e emocional, além de abrir e ativar os chakras. Cada asana (postura) atua de forma específica sobre os diferentes centros de energia, promovendo sua ativação e limpeza. Posturas de aterramento, como a postura da árvore (Vrksasana), ajudam a fortalecer o Chakra Raiz, enquanto posturas que abrem o peito, como a postura do camelo (Ustrasana), são eficazes para o Chakra Cardíaco. Além disso, o ioga ensina a unir movimento e respiração, criando uma sincronia que equilibra corpo e mente, preparando ambos para experiências espirituais mais profundas.

A visualização é outra prática poderosa que prepara o caminho para o alinhamento dos chakras. Visualizar a energia fluindo de um chakra para o outro, como uma corrente de luz, ajuda a criar um fluxo harmônico e contínuo. Essa prática pode ser feita através da visualização de uma cor específica para cada chakra: o vermelho para o Chakra Raiz, o laranja para o Chakra Sacral, o amarelo para o Plexo Solar, o verde para o Chakra Cardíaco, o azul para o Chakra Laríngeo, o índigo para o Chakra Frontal e o violeta ou branco para o Chakra Coronário. Visualizar essas cores em meditações guiadas é uma maneira eficaz de alinhar os chakras, promovendo um estado de equilíbrio e paz interior.

A conexão com a natureza é também fundamental. A Terra é uma fonte de energia curativa e estabilizadora. Práticas como caminhar descalço na terra, respirar o ar puro, sentir a água corrente e contemplar o céu são formas de reconectar-se com a essência natural e aterrar a energia. O contato com os elementos naturais ajuda a fortalecer o Chakra Raiz e a limpar a mente, além de renovar a energia vital. A energia da Terra nos lembra que fazemos parte de um ciclo maior e que estamos interligados com todas as formas de vida. A prática da meditação ao ar livre, em contato com a natureza, intensifica essa conexão e ajuda a restaurar o equilíbrio entre os chakras.

A prática de afirmações positivas é uma ferramenta simples, mas extremamente eficaz para preparar-se para o caminho espiritual. Cada chakra responde a uma intenção ou afirmação específica, que pode ser usada para fortalecer a energia de cada centro. Afirmações como "Eu estou seguro e enraizado" para o Chakra Raiz, "Eu mereço prazer e criatividade" para o Chakra Sacral e "Eu expresso minha verdade com confiança" para o Chakra Laríngeo ajudam a alinhar as energias e a dissolver bloqueios. Repetir essas afirmações diariamente fortalece o sistema energético e contribui para a construção de uma mentalidade positiva e resiliente.

Finalmente, cultivar o silêncio e a solitude é uma prática preparatória essencial. A agitação e as distrações da vida moderna muitas vezes impedem a introspecção e o autoconhecimento. Reservar momentos de silêncio e solitude permite que a mente se acalme e que os pensamentos se ordenem, abrindo espaço para a percepção das energias mais sutis. Esses momentos de recolhimento são oportunidades para ouvir a própria voz interior e conectar-se com a sabedoria interna. A prática regular de ficar em silêncio, seja por meio da meditação ou de caminhadas solitárias, é uma forma de restaurar a energia e fortalecer o campo áurico, protegendo-o de influências externas.

À medida que essas práticas são incorporadas na rotina, o corpo e a mente se tornam mais receptivos ao fluxo energético e mais preparados para a jornada de alinhamento dos chakras. A preparação espiritual é um processo gradual e contínuo, que exige paciência e dedicação. Cada prática é um degrau na escada do autoconhecimento e da harmonia interior, promovendo um estado de presença e clareza que facilita o despertar da consciência.

Em última análise, a preparação para o caminho espiritual é um ato de amor próprio e respeito pelo processo de evolução pessoal. Ao integrar essas práticas, construímos uma base sólida sobre a qual a energia do Sagrado Feminino pode florescer, e os chakras podem alinhar-se em um estado de harmonia e plenitude.

A preparação para o caminho espiritual é o primeiro passo para a transformação, e sua importância reside na criação de um ambiente seguro e nutridor onde o espírito pode despertar e expandir-se

Capítulo 6
Chakra Raiz – Segurança e Estabilidade

O Chakra Raiz, ou Muladhara, é o primeiro dos sete chakras principais e representa a base da vida física e espiritual. Ele é a fundação do sistema energético, o ponto inicial de nossa jornada de autoconhecimento e alinhamento. Localizado na base da coluna vertebral, o Chakra Raiz é associado ao elemento terra e simboliza segurança, estabilidade e enraizamento. Ele é responsável por nossas necessidades básicas de sobrevivência, nosso senso de pertencimento e nossa conexão com o mundo físico. Quando este chakra está equilibrado, experimentamos uma sensação de segurança, força e estabilidade. No entanto, quando ele está bloqueado ou desequilibrado, podemos sentir medo, insegurança e desconexão.

No Sagrado Feminino, o Chakra Raiz é profundamente importante, pois ele conecta a energia feminina com a Terra, promovendo uma sensação de enraizamento e estabilidade que é essencial para a expansão dos chakras superiores. Este chakra é como as raízes de uma árvore; sem raízes profundas e saudáveis, a árvore não pode crescer e se expandir plenamente. Da mesma forma, o alinhamento do Chakra Raiz é fundamental para a jornada espiritual, pois ele nos fornece a base necessária para a cura e o despertar do Sagrado Feminino.

O Chakra Raiz é representado pela cor vermelha, uma cor vibrante e energizante que simboliza a força vital, a coragem e a vitalidade. A cor vermelha é calorosa e ativa, trazendo energia ao corpo e à mente. Visualizar essa cor durante as práticas de meditação pode ajudar a ativar e equilibrar o Chakra Raiz, fortalecendo nossa conexão com a Terra e promovendo um senso de segurança e estabilidade.

O funcionamento saudável do Chakra Raiz é essencial para mantermos um estado de presença e estabilidade. Esse centro energético regula o sistema de sobrevivência, influenciando aspectos como a capacidade de enfrentar desafios, o sentimento de segurança em relação ao ambiente e até mesmo o nível de energia física. Quando o Chakra Raiz está em equilíbrio, sentimos confiança e somos capazes de enfrentar as dificuldades da vida com resiliência e determinação. Esse chakra também influencia nossa relação com o mundo material, incluindo aspectos financeiros e o senso de pertencimento.

No entanto, se o Chakra Raiz estiver bloqueado, podem surgir medos, preocupações constantes e um sentimento de desconexão com o corpo e com a vida em si. Indivíduos com o Chakra Raiz desequilibrado podem experimentar insegurança, estresse e até mesmo sintomas físicos, como dores nas pernas e na região lombar. Esse bloqueio é comum em pessoas que enfrentam situações de instabilidade, como dificuldades financeiras, problemas familiares ou uma mudança repentina no ambiente.

A prática de aterramento é uma técnica poderosa para equilibrar o Chakra Raiz. Aterramento é o processo de conectar-se com a Terra de forma consciente, o que ajuda a liberar tensões e estabilizar a energia. Caminhar descalço na natureza, tocar a terra com as mãos e respirar profundamente ao ar livre são maneiras eficazes de se aterrar. Esse contato direto com a Terra fortalece a energia do Chakra Raiz e promove uma sensação de pertencimento e segurança. Além disso, práticas de jardinagem, contato com plantas e até mesmo abraçar uma árvore são formas de reconectar-se com a natureza e estabilizar o centro de energia.

A respiração consciente é outra técnica fundamental para o equilíbrio do Chakra Raiz. Práticas de respiração profunda e rítmica ajudam a acalmar o sistema nervoso e a reduzir a ansiedade, permitindo que a mente se acalme e se estabilize. A técnica de respiração quadrada, onde se inspira, segura o ar, expira e segura novamente por intervalos iguais, é especialmente benéfica para promover a calma e o equilíbrio. Essas práticas de respiração ajudam a ancorar a energia no corpo, proporcionando uma sensação de segurança interna que é fundamental para o Chakra Raiz.

O uso de cristais é amplamente recomendado para ativar e equilibrar o Chakra Raiz. Cristais como hematita, jaspe vermelho e turmalina negra são conhecidos por sua capacidade de estabilizar a energia e promover o aterramento. A hematita, por exemplo, é um cristal que auxilia na ancoragem e oferece proteção, fortalecendo o campo áurico e protegendo contra energias negativas. A turmalina negra é outro cristal poderoso que absorve as energias densas, ajudando a manter o equilíbrio e a segurança. Colocar esses cristais ao redor do ambiente de meditação ou carregá-los junto ao corpo pode ajudar a equilibrar o Chakra Raiz, promovendo uma sensação de força e estabilidade.

Além disso, a aromaterapia é uma prática útil para equilibrar esse chakra. Óleos essenciais como cedro, patchouli, sândalo e vetiver são conhecidos por suas propriedades de aterramento e calmantes, e podem ser utilizados para fortalecer a conexão com a Terra e promover a estabilidade. Esses óleos podem ser usados em difusores, aplicados no corpo ou inalados diretamente para obter seus efeitos. O aroma do cedro, por exemplo, é calmante e restaurador, enquanto o vetiver é conhecido por seu efeito de aterramento, ajudando a estabilizar o sistema energético.

As afirmações positivas são outra técnica que pode fortalecer o Chakra Raiz. Ao repetir afirmações como "Eu estou seguro e enraizado", "Eu confio na vida" ou "Eu mereço segurança e estabilidade", estamos direcionando nossa mente para criar um estado interno de confiança e equilíbrio. Essas afirmações ajudam a reprogramar a mente e a cultivar uma mentalidade de segurança, essencial para o funcionamento saudável desse chakra. Praticar essas afirmações diariamente ajuda a construir uma base de segurança e a dissolver padrões de pensamento negativos que possam estar enfraquecendo a energia do Chakra Raiz.

A prática de ioga também oferece várias posturas que ajudam a equilibrar o Chakra Raiz. Posturas como a posição da montanha (Tadasana), da cadeira (Utkatasana) e da ponte (Setu Bandhasana) fortalecem a base do corpo e promovem o equilíbrio físico e energético. A posição da montanha, por exemplo, é uma postura simples, mas poderosa, que incentiva o aterramento e a estabilidade, alinhando a coluna e fortalecendo a conexão com o solo. Praticar essas posturas regularmente ajuda a fortalecer o corpo físico e promove uma sensação de segurança e presença.

O Chakra Raiz também é profundamente influenciado pela relação com a família e com a herança ancestral. Muitos bloqueios nesse chakra podem estar ligados a padrões familiares ou traumas herdados que afetam a sensação de segurança e estabilidade. Trabalhar a cura dos laços familiares e liberar padrões ancestrais negativos pode ajudar a desbloquear o Chakra Raiz e a restaurar a sensação de segurança. Esse processo de cura pode envolver práticas de perdão, trabalho com constelação familiar ou meditações focadas na aceitação e na cura dos ancestrais.

Finalmente, a importância da autodisciplina e da consistência não pode ser subestimada quando se trata de manter o Chakra Raiz equilibrado. Esse chakra rege aspectos como responsabilidade, rotina e comprometimento com os próprios objetivos. Estabelecer uma rotina diária, cumprir com as responsabilidades e manter um estilo de vida saudável contribuem para a estabilidade energética desse centro. A prática de pequenos atos de autocuidado e a dedicação ao bem-estar pessoal ajudam a criar uma base sólida, promovendo a resiliência emocional e física.

Em resumo, o Chakra Raiz é o alicerce do sistema de chakras e o ponto de partida para a jornada de autoconhecimento e alinhamento. O equilíbrio desse centro de energia permite que os outros chakras floresçam e se expandam, oferecendo uma base sólida para o desenvolvimento espiritual. Trabalhar o Chakra Raiz não apenas fortalece o senso de segurança e estabilidade, mas também promove uma conexão profunda com a Terra e com o próprio corpo. Ao cultivar essa estabilidade interna, abrimos caminho para uma jornada espiritual enraizada e harmoniosa, onde a energia do Sagrado Feminino pode despertar e fluir livremente.

Capítulo 7
Ritual para o Chakra Raiz

O Chakra Raiz, ou Muladhara, não só simboliza o fundamento de nossa existência, como é o canal de conexão entre nossa energia e a Terra. Para quem busca equilíbrio, segurança e uma sensação de estar enraizado no mundo, um ritual para o Chakra Raiz pode trazer a estabilidade e o conforto emocional que sustentam todo o sistema energético. Práticas ancestrais nos ensinam que um ritual não é apenas uma sequência de ações, mas uma experiência profunda de alinhamento e intenção. Ele deve ser vivido com presença, criando um ambiente que acolha a mente e o espírito em um momento de conexão intensa. Neste capítulo, exploraremos um ritual específico para ativar e harmonizar o Chakra Raiz, utilizando elementos como visualizações, meditações, cristais e óleos essenciais.

Para realizar este ritual, é essencial preparar um ambiente que permita uma sensação de segurança e intimidade. Escolher um local calmo, onde não haverá interrupções, contribui para que o ritual se desenrole com fluidez e para que a mente possa relaxar e mergulhar na prática. Acender uma vela vermelha ou usar um tecido vermelho pode reforçar o foco e a intenção, pois a cor vermelha está diretamente associada ao Chakra Raiz e à energia de estabilidade.

O ritual começa com uma prática de visualização enraizante, uma técnica simples e poderosa para fortalecer a conexão com a Terra. Sentado em uma posição confortável, com a coluna ereta e os pés firmemente apoiados no chão, imagine que raízes profundas se estendem das solas dos pés e do cóccix em direção ao centro da Terra. Visualize essas raízes como cordões de luz vermelha que se entrelaçam com as profundezas da Terra, absorvendo sua força e vitalidade. Concentre-se nessa imagem por alguns minutos, sentindo a energia da Terra fluindo por essas raízes e subindo pelo corpo, até alcançar o Chakra Raiz. Essa prática não só fortalece o enraizamento, como acalma o sistema nervoso e proporciona uma sensação imediata de estabilidade.

O uso de cristais no ritual é um complemento valioso, já que eles possuem vibrações que auxiliam na harmonização do Chakra Raiz. A hematita é um dos cristais mais recomendados para aterramento; sua cor escura e sua densidade evocam a solidez e a conexão com o solo. Durante o ritual, segurar uma hematita em cada mão, ou mesmo colocar uma sobre o osso púbico, reforça a sensação de enraizamento e estabilidade. Outro cristal poderoso é a jaspe vermelha, que ajuda a alinhar e a estabilizar as energias do Chakra Raiz. Colocar a jaspe vermelha ao lado da vela vermelha ou segurá-la enquanto realiza as visualizações pode amplificar a sensação de segurança e conexão.

A prática de respiração consciente é essencial no ritual para o Chakra Raiz, pois ajuda a acalmar a mente e o corpo, tornando-os mais receptivos à energia da Terra. A respiração quadrada, ou Sama Vritti, é especialmente eficaz. Para praticá-la, inspire contando até quatro, segure o ar por quatro segundos, expire em quatro segundos e segure novamente a respiração por mais quatro. Repetir essa respiração por alguns minutos cria um ritmo estável e constante que ajuda a estabilizar a mente e a ancorar a energia. Essa prática simples é poderosa, pois proporciona uma sensação de segurança interna que ecoa profundamente no Chakra Raiz.

Incorporar óleos essenciais ao ritual é uma maneira de intensificar a experiência sensorial e emocional. O óleo essencial de vetiver é conhecido por seu efeito de aterramento; seu aroma terroso lembra as raízes e a profundidade da Terra, trazendo uma sensação de calma e estabilidade. Aplicar uma gota de vetiver nas solas dos pés antes de iniciar o ritual ajuda a ativar o Chakra Raiz e a intensificar a conexão com a energia terrestre. Outro óleo indicado é o de patchouli, cuja fragrância também estimula o aterramento e promove a estabilidade emocional. Esses óleos podem ser usados individualmente ou em combinação, seja em difusores ou aplicados diretamente na pele, sempre com cuidado e, se necessário, diluídos em óleo vegetal.

A recitação de afirmações é um ato simples, mas que possui um impacto profundo na mente e no campo energético. Durante o ritual, repetir mentalmente ou em voz alta frases como "Eu estou seguro", "Eu sou protegido" e "Eu confio na vida" reforça a conexão com o Chakra Raiz. Essas afirmações não são apenas palavras; elas criam uma ressonância energética que ajuda a reprogramar a mente para um estado de confiança e segurança. A cada repetição, visualize que essa segurança se espalha pelo corpo, reforçando a base e criando uma estrutura sólida sobre a qual toda a energia pode se expandir.

A música também pode ser incorporada ao ritual para o Chakra Raiz. Sons graves e batidas ritmadas, como os tambores xamânicos, evocam a energia da Terra e promovem uma sensação de aterramento. Ouvir músicas que contenham esses elementos rítmicos ajuda a criar uma vibração que harmoniza o Chakra Raiz. Se possível, escutar o som de um tambor em um ritmo constante, como o batimento do coração, enquanto realiza a visualização de raízes, cria uma experiência profunda de conexão com o solo. Esse tipo de música auxilia o corpo e a mente a se sintonizarem com o ritmo da Terra, promovendo o alinhamento energético.

Finalizar o ritual com um banho de purificação é uma forma poderosa de liberar qualquer energia densa e de selar a prática. Preparar um banho com sal grosso e algumas gotas de óleo essencial de cedro ou vetiver ajuda a limpar o campo energético e a fortalecer a sensação de enraizamento. Ao entrar no banho, visualize que toda tensão ou energia acumulada é dissolvida pela água e que o corpo fica revigorado. Este banho não apenas renova a energia do Chakra Raiz, como também promove um estado de paz e estabilidade, preparando o corpo e a mente para um sono reparador ou para uma nova jornada espiritual.

Após o ritual, é importante permanecer atento aos sentimentos e às sensações corporais. Frequentemente, após uma prática como esta, o Chakra Raiz se torna mais ativo e responde ao novo fluxo de energia, trazendo à tona memórias, emoções ou medos que estavam reprimidos. Reservar um tempo para processar essas emoções e acolhê-las com compaixão é parte do processo de cura. Ter um diário onde possa anotar as experiências e as percepções obtidas durante e após o ritual pode ser útil para registrar o progresso e observar como a energia do Chakra Raiz responde ao longo do tempo.

O ritual para o Chakra Raiz é uma prática que pode ser repetida sempre que necessário, especialmente em momentos de insegurança, instabilidade ou desconexão. À medida que essa prática se torna parte da rotina, o Chakra Raiz se fortalece, criando uma base sólida que sustenta não apenas a jornada espiritual, mas também as demandas da vida cotidiana. Esse ritual é uma ferramenta para reconectar-se com a Terra e com a própria essência, promovendo uma sensação de pertencimento e paz que fortalece todo o sistema energético.

Capítulo 8
Chakra Sacral – Criatividade e Prazer

O Chakra Sacral, também conhecido como Svadhisthana, é o segundo centro de energia no sistema dos chakras e está localizado na região pélvica, pouco abaixo do umbigo. Esse chakra está intimamente ligado à criatividade, ao prazer, às emoções e à nossa capacidade de experimentar a vida de forma plena e sensorial. Representado pela cor laranja e associado ao elemento água, o Chakra Sacral governa o fluxo e a flexibilidade — não apenas no sentido físico, mas também em nosso modo de lidar com as emoções e com os relacionamentos. Ele é a sede do prazer, da sensualidade e da expressão criativa, aspectos que desempenham um papel essencial na energia feminina e no Sagrado Feminino.

Quando equilibrado, o Chakra Sacral proporciona uma conexão profunda com os sentidos e com o corpo, permitindo que vivamos com espontaneidade e alegria. Ele inspira a criatividade em todas as áreas da vida, seja nas artes, nos relacionamentos, no trabalho ou na maneira de ver o mundo. Além disso, um Chakra Sacral saudável permite uma expressão emocional autêntica e uma conexão saudável com a sensualidade e a sexualidade. No entanto, quando este chakra está bloqueado ou desequilibrado, as pessoas podem experimentar sentimentos de culpa, vergonha, repressão emocional, baixa autoestima e dificuldades com a expressão criativa e com o prazer.

No Sagrado Feminino, o Chakra Sacral é particularmente importante porque é onde reside a força criativa primordial. É a energia feminina em sua forma mais pura e abundante, que permite o ato de criação, tanto física quanto simbólica. Essa energia é a mesma que possibilita a gestação, o nascimento de ideias e a manifestação de sonhos e desejos. Mulheres que cultivam a energia do Chakra Sacral de forma equilibrada tendem a sentir-se mais conectadas com sua própria essência, mais livres para expressar emoções e desejos, e mais dispostas a nutrir a própria criatividade e a expandir sua visão de mundo.

Este chakra é o ponto de partida para a relação com o prazer e a satisfação pessoal. Ele nos ensina que o prazer é uma parte integral da experiência humana e que permitir-se sentir é essencial para o equilíbrio emocional e espiritual. Em muitas culturas e tradições religiosas, a energia do prazer foi reprimida, especialmente nas mulheres, levando a um distanciamento dessa energia vital. Resgatar e equilibrar o Chakra Sacral é, portanto, um ato de reconciliação com o próprio corpo e com o direito de experimentar o prazer sem culpa ou vergonha.

A água, elemento associado ao Chakra Sacral, reflete a natureza fluida e mutável das emoções e da criatividade. A energia deste chakra flui como um rio, nutrindo e renovando, e precisa de liberdade para se movimentar sem restrições. Assim como a água, que pode se adaptar e transformar-se de acordo com o ambiente, o Chakra Sacral nos permite adaptar-nos e fluir com as mudanças da vida, acolhendo as experiências com uma mente aberta e um coração receptivo. Um Chakra Sacral saudável nos ajuda a aceitar a impermanência e a adaptar-nos com flexibilidade, em vez de resistir às mudanças inevitáveis.

Para equilibrar o Chakra Sacral, é importante conectar-se com a própria criatividade e com a expressão emocional. A dança é uma prática poderosa para ativar e harmonizar este chakra, pois ela permite que o corpo se mova de forma livre e intuitiva, liberando bloqueios e promovendo o fluxo de energia. A dança intuitiva, onde os movimentos são guiados pela música e pelas emoções, é particularmente eficaz para liberar tensões armazenadas e estimular a energia do Chakra Sacral. A prática de movimentos fluidos e circulares, como os realizados em danças tradicionais e rituais, ativa o centro de energia e permite que a criatividade e o prazer fluam de forma mais natural.

A prática de visualização também é eficaz para estimular o Chakra Sacral. Visualizar uma esfera de luz laranja na região pélvica e imaginar que essa luz se expande, preenchendo o corpo com uma energia calorosa e vibrante, pode ajudar a ativar o centro de energia e promover o equilíbrio emocional. Essa luz laranja é a manifestação visual da energia criativa e prazerosa que reside dentro de cada um de nós, e focar nessa cor pode ajudar a dissolver bloqueios emocionais e a revitalizar o chakra. Esse exercício de visualização pode ser feito diariamente, em um ambiente tranquilo, enquanto se concentra na respiração e nas sensações do corpo.

O uso de cristais é outra prática que auxilia no equilíbrio do Chakra Sacral. Cristais como cornalina, pedra da lua e calcita laranja são conhecidos por suas propriedades energéticas que ressoam com o Svadhisthana. A cornalina, por exemplo, estimula a vitalidade e a coragem para expressar os desejos, enquanto a pedra da lua é associada ao feminino e à intuição. Colocar esses cristais sobre o abdômen ou segurá-los durante a meditação pode ajudar a energizar o chakra e a promover uma sensação de equilíbrio e conexão com o corpo.

Os óleos essenciais também são úteis no equilíbrio do Chakra Sacral. Óleos como ylang-ylang, sândalo e laranja doce são recomendados por suas propriedades relaxantes e estimulantes. O ylang-ylang é conhecido por aumentar a autoestima e reduzir a ansiedade, promovendo uma relação saudável com o prazer e a sensualidade. O sândalo, por sua vez, ajuda a acalmar a mente e a promover a introspecção, enquanto o óleo essencial de laranja doce traz uma energia alegre e renovadora, que desperta o entusiasmo pela vida. Esses óleos podem ser utilizados em difusores, aplicados na pele (diluídos em óleo vegetal) ou inalados diretamente para potencializar o efeito de equilíbrio no Chakra Sacral.

Práticas como a escrita criativa e o trabalho com arte são ferramentas valiosas para o despertar do Chakra Sacral. A escrita, em especial, permite expressar emoções, ideias e sonhos que podem estar reprimidos ou não verbalizados. Reservar alguns minutos do dia para escrever de forma livre, sem censura, pode revelar sentimentos e desejos profundos e proporcionar uma sensação de liberação emocional. A arte, em suas diversas formas, é uma expressão direta da energia criativa e permite que o Chakra Sacral se expanda, tornando-se um canal para a manifestação de ideias e de sonhos.

A relação com a água é uma parte importante do processo de equilíbrio deste chakra. Banhos de imersão com sal grosso e óleos essenciais, banhos de rio ou mar e até mesmo a prática de nadar ou simplesmente ficar em contato com a água são atividades que harmonizam o Chakra Sacral. A água é um elemento purificador e renovador, que ajuda a dissolver bloqueios e a liberar emoções represadas. Mergulhar-se na água com a intenção de liberar tensões emocionais e permitir que o fluxo natural da vida seja restabelecido pode ter um efeito profundamente curador.

As afirmações positivas são uma técnica simples, mas eficaz, para fortalecer o Chakra Sacral. Repetir frases como "Eu mereço experimentar o prazer" ou "Eu expresso minha criatividade com liberdade" ajuda a reprogramar a mente para acolher o prazer e a autoexpressão. Essas afirmações podem ser repetidas diariamente, durante a meditação ou antes de dormir, reforçando uma relação saudável com o prazer e com a criatividade. Ao nutrir a mente com pensamentos positivos, o Chakra Sacral começa a responder, permitindo que o corpo e as emoções floresçam de forma mais harmoniosa.

O equilíbrio do Chakra Sacral é essencial para uma vida plena e satisfatória, pois ele governa a capacidade de sentir, de criar e de expressar a própria individualidade. Trabalhar com esse chakra é reconhecer que o prazer é uma parte fundamental da existência e que a criatividade é uma expressão natural do ser. O Chakra Sacral nos ensina que viver em harmonia com o corpo e com as emoções é o primeiro passo para uma jornada espiritual completa e que o autoconhecimento e o amor-próprio são fundamentais para o bem-estar.

A harmonia no Chakra Sacral permite que a energia flua livremente para os chakras superiores, promovendo uma vida de autenticidade, alegria e conexão com a própria essência. Quando equilibrado, este chakra proporciona uma base sólida para o desenvolvimento espiritual, fortalecendo a relação consigo mesmo e com o universo.

Capítulo 9
Ritual para o Chakra Sacral

O Chakra Sacral, ou Svadhisthana, é o centro da criatividade, da expressão emocional e do prazer. Localizado logo abaixo do umbigo, este chakra é essencial para conectar-nos ao nosso lado intuitivo, sensorial e expressivo. No contexto do Sagrado Feminino, o Chakra Sacral possui uma relevância especial, pois é a sede da energia criativa feminina, onde as ideias, os sentimentos e os impulsos ganham forma e se manifestam no mundo físico. Um ritual para equilibrar o Chakra Sacral é, portanto, uma prática que celebra a liberdade emocional, a criatividade e a capacidade de experimentar o prazer de forma plena e harmoniosa. Este capítulo explora um ritual profundo e transformador para o Chakra Sacral, utilizando técnicas de visualização, movimentos corporais, dança, meditação e o uso de elementos naturais que sintonizam esse centro energético.

Para iniciar o ritual, é fundamental escolher um espaço tranquilo e acolhedor, onde você se sinta confortável e livre para se expressar sem restrições. A criação de um ambiente propício para o ritual é parte essencial da experiência, pois ele ajuda a induzir um estado de relaxamento e presença. Decore o espaço com objetos que evoquem a energia do Chakra Sacral, como velas laranja, tecidos vibrantes e cristais. Aromas como ylang-ylang, laranja doce ou jasmim podem ser usados em difusores para intensificar a atmosfera sensorial, pois esses aromas estimulam a energia do Chakra Sacral, promovendo uma sensação de leveza, alegria e conexão com o prazer.

O ritual começa com uma prática de respiração profunda para centrar-se e sintonizar-se com as sensações do corpo.

Sentado em uma posição confortável, feche os olhos e comece a respirar lentamente, focando em cada inspiração e expiração. Imagine que, a cada respiração, você atrai uma energia laranja brilhante para dentro do corpo, enchendo a região do abdômen com essa luz quente e vibrante. Essa luz laranja representa a energia criativa e o prazer que residem em seu ser. Concentre-se nessa visualização por alguns minutos, permitindo que a mente se acalme e que o corpo se sintonize com o fluxo de energia do Chakra Sacral.

Em seguida, uma prática de dança intuitiva é altamente recomendada para liberar o corpo e ativar o Chakra Sacral. Escolha uma música que inspire movimento fluido e espontâneo, permitindo que seu corpo se mova de acordo com o que sente. A dança é uma expressão direta da energia do Chakra Sacral e promove a liberação de bloqueios emocionais, incentivando a fluidez e a liberdade. Não se preocupe com passos ou técnica; deixe que o corpo guie os movimentos, explorando o espaço e a expressão de cada parte de si mesmo. Esse movimento intuitivo permite que emoções reprimidas ou não expressas encontrem uma saída natural, proporcionando uma sensação de leveza e conexão com o corpo.

A visualização é uma parte central deste ritual para o Chakra Sacral. Após a dança, sente-se ou deite-se em uma posição confortável e retome a prática de visualização. Imagine uma flor de lótus laranja desabrochando na região pélvica, irradiando luz e calor por todo o corpo. Essa flor de lótus representa o seu poder criativo e a capacidade de se abrir para o prazer e a expressão autêntica. Visualize que a luz laranja dessa flor se expande, preenchendo o corpo e dissolvendo qualquer bloqueio ou tensão na região pélvica e abdominal. Concentre-se nessa imagem por alguns minutos, permitindo que a luz laranja traga uma sensação de paz, leveza e alegria.

Incorporar cristais no ritual é uma prática poderosa para intensificar a energia do Chakra Sacral. Cristais como cornalina, pedra da lua e calcita laranja possuem propriedades que ressoam com a energia criativa e emocional desse chakra. A cornalina, por exemplo, estimula a vitalidade e promove a coragem para explorar e expressar a própria individualidade. Segure um desses cristais durante a visualização ou posicione-o sobre o abdômen para amplificar a energia e promover uma sensação de equilíbrio e renovação. Esses cristais podem ser usados não apenas durante o ritual, mas também como amuletos diários, que ajudam a manter o Chakra Sacral ativo e em harmonia.

Os óleos essenciais desempenham um papel importante no equilíbrio energético e emocional do Chakra Sacral. Após a prática de visualização, aplique algumas gotas de óleo essencial de ylang-ylang, sândalo ou laranja doce nas mãos, esfregando-as para aquecer o óleo, e depois inale profundamente. Esses aromas, associados ao prazer e à criatividade, ajudam a relaxar e a fortalecer a conexão com o próprio corpo. Alternativamente, esses óleos podem ser diluídos em um óleo base e aplicados diretamente na região do Chakra Sacral, promovendo uma sensação de calor e vitalidade. O uso dos óleos intensifica a experiência sensorial e facilita a abertura emocional e a expressão autêntica.

As afirmações são outro recurso poderoso para o ritual do Chakra Sacral. Repetir frases como "Eu mereço o prazer", "Eu honro minha criatividade" ou "Eu estou conectado com minhas emoções de forma saudável" ajuda a estabelecer uma mentalidade de aceitação e amor-próprio. Essas afirmações, quando repetidas com sinceridade, criam uma ressonância energética que dissolve bloqueios e condicionamentos negativos. Falar essas frases em voz alta ou mentalmente durante o ritual contribui para reforçar a confiança e a expressão emocional, criando uma atmosfera de autoaceitação e harmonia.

A água é o elemento associado ao Chakra Sacral, e utilizá-la durante o ritual é uma forma poderosa de intensificar a conexão com esse centro de energia. Finalizar o ritual com um banho de imersão ou um banho purificador com água morna é altamente recomendável. Acrescentar algumas gotas de óleo essencial de laranja doce ou ylang-ylang, e uma pitada de sal marinho à água do banho, pode promover uma limpeza energética e emocional profunda. Ao entrar na água, imagine que todas as emoções reprimidas, tensões e bloqueios estão sendo suavemente dissolvidos e levados pela água. Esse banho não só purifica o corpo, mas também renova a energia do Chakra Sacral, deixando uma sensação de frescor e leveza.

Após o ritual, reserve alguns minutos para refletir sobre as sensações, emoções e insights que surgiram. Manter um diário onde possa registrar suas experiências pode ser uma prática valiosa, pois permite acompanhar o processo de autoconhecimento e perceber como o Chakra Sacral responde a cada ritual. É comum que, após um ritual para o Chakra Sacral, sentimentos ou memórias há muito tempo reprimidas surjam à superfície. Acolher esses sentimentos com compaixão e entendimento é parte do processo de cura, pois permite que as emoções sejam processadas e liberadas.

Esse ritual para o Chakra Sacral é uma prática que pode ser repetida sempre que houver necessidade de estimular a criatividade, de reconectar-se com o corpo ou de curar questões relacionadas à expressão emocional e ao prazer. À medida que a prática se torna parte da rotina, o Chakra Sacral começa a responder, promovendo uma relação mais saudável e equilibrada com as emoções e com a capacidade de sentir prazer.

O equilíbrio do Chakra Sacral abre o caminho para uma expressão autêntica e uma vida mais alegre e vibrante. Trabalhar com este chakra permite uma aceitação mais profunda de si mesmo e dos próprios desejos, promovendo uma relação harmoniosa com o mundo e com os outros.

Capítulo 10
Chakra do Plexo Solar – Poder e Autoestima

O Chakra do Plexo Solar, ou Manipura, é o terceiro dos sete chakras principais e está localizado na região do estômago, logo acima do umbigo. Representado pela cor amarela e associado ao elemento fogo, esse chakra é o centro da vontade, da força pessoal e da autoestima. É a sede do poder pessoal, onde residem a autoconfiança e a capacidade de manifestar as próprias intenções no mundo. No Sagrado Feminino, o Chakra do Plexo Solar é essencial, pois ele permite que a energia feminina se expresse com autenticidade e determinação, integrando a sensibilidade e a força em um só campo de energia.

Quando o Chakra do Plexo Solar está equilibrado, sentimos um profundo senso de propósito, autossuficiência e um poder pessoal que não depende de validação externa. É um estado em que a autoestima e a confiança fluem naturalmente, permitindo que cada pessoa se expresse de maneira autêntica e honre sua verdade interior. Esse equilíbrio no chakra proporciona clareza e coragem para enfrentar desafios, estabelecer limites e tomar decisões alinhadas com os valores mais profundos.

Por outro lado, quando o Chakra do Plexo Solar está desequilibrado ou bloqueado, podem surgir sentimentos de insegurança, dúvida, medo de falhar e dificuldades para tomar decisões. Em alguns casos, o desequilíbrio pode se manifestar como uma postura excessivamente controladora ou competitiva, enquanto, em outros, a pessoa pode sentir-se apagada e submissa. Esse tipo de bloqueio pode ter raízes em experiências de vida onde a expressão pessoal foi reprimida ou onde o indivíduo foi desencorajado a acreditar em seu próprio valor. O Chakra do

Plexo Solar, então, é o ponto de equilíbrio entre a expressão do poder e a humildade, e quando harmonizado, permite uma postura de autoconfiança que não é agressiva, mas sim autêntica e centrada.

O símbolo desse chakra, o fogo, reflete sua natureza transformadora e poderosa. O fogo, com sua capacidade de iluminar e purificar, representa a luz interior e o poder de queimar tudo o que impede o crescimento pessoal. O Chakra do Plexo Solar nos lembra da necessidade de alimentar essa chama interna, de acreditar no próprio potencial e de buscar o equilíbrio entre a vontade e a aceitação.

Uma prática poderosa para trabalhar com o Chakra do Plexo Solar é a meditação com visualização de luz dourada. Sente-se em uma posição confortável, com a coluna ereta, e feche os olhos. Comece respirando profundamente e concentre-se na região do estômago. Visualize uma chama dourada ou um sol brilhante nessa área, expandindo-se a cada inspiração. Sinta que essa chama ilumina todo o abdômen, dissolvendo qualquer sombra de medo ou insegurança. Permita que a luz dourada se expanda, preenchendo o corpo com uma sensação de força e confiança. Essa prática de visualização ajuda a ativar o centro de poder pessoal, promovendo a confiança e o senso de propósito.

As afirmações positivas são outra ferramenta fundamental para fortalecer o Chakra do Plexo Solar. Repetir frases como "Eu sou poderoso e confiante", "Eu honro minha força interior" e "Eu sou capaz de manifestar meus objetivos" ajuda a reprogramar a mente e a fortalecer a autoestima. Essas afirmações, quando ditas com intenção e convicção, ativam o poder pessoal e dissolvem padrões de pensamento que limitam a expressão da própria força. Esse exercício pode ser realizado diariamente, de preferência ao despertar, para fortalecer o estado de confiança ao longo do dia.

O uso de cristais no trabalho com o Chakra do Plexo Solar é um recurso poderoso e complementar. Cristais como citrino, olho de tigre e âmbar são altamente recomendados para esse chakra. O citrino é um cristal de vitalidade e prosperidade, que ativa a energia e incentiva o otimismo. O olho de tigre, por sua vez, é conhecido por promover a coragem e proteger contra energias negativas, enquanto o âmbar estimula a confiança e a leveza de espírito. Colocar um desses cristais na região do estômago durante a meditação ou carregar um deles durante o dia pode ajudar a manter o Chakra do Plexo Solar em equilíbrio e fortalecer a presença e a autoconfiança.

A prática de respiração consciente é uma técnica eficaz para equilibrar o Chakra do Plexo Solar. O "respiração do fogo" (Kapalabhati) é uma técnica de respiração energizante usada no ioga que ativa o centro abdominal e aquece o corpo, estimulando a circulação de energia no plexo solar. Para praticá-la, sente-se com a coluna ereta e inspire profundamente. Ao expirar, contraia o abdômen rapidamente, expelindo o ar em pequenos impulsos fortes, enquanto inspira de forma natural entre as expirações. Repetir essa respiração por alguns minutos ajuda a energizar o corpo e a despertar a força interior.

O ioga também oferece posturas específicas que ativam o Chakra do Plexo Solar. Posturas como a prancha (Kumbhakasana), a postura do arco (Dhanurasana) e a postura do barco (Navasana) fortalecem a área abdominal, aumentando a resistência e estimulando o poder pessoal. A prática regular dessas posturas contribui para um fortalecimento físico que reflete no equilíbrio emocional e espiritual, promovendo uma base estável para que a autoconfiança se expanda.

A luz solar é outro elemento importante para nutrir o Chakra do Plexo Solar. Passar tempo ao ar livre, expondo-se ao sol, recarrega a energia vital e fortalece o centro de poder pessoal. Sentar-se sob a luz do sol da manhã, respirando profundamente, é uma prática simples e natural que energiza o corpo e a mente, despertando a vitalidade e o entusiasmo. A exposição ao sol promove não apenas o bem-estar físico, mas também uma sensação de renovação e conexão com o próprio poder.

Aromaterapia é outro recurso poderoso que pode ser integrado ao trabalho com o Chakra do Plexo Solar. Óleos essenciais como o de limão, gengibre e bergamota são conhecidos por suas propriedades energizantes e estimulantes, que elevam o humor e incentivam a clareza mental. O óleo essencial de limão, por exemplo, é refrescante e promove o foco, enquanto o gengibre é aquecedor e estimula a coragem e a força de vontade. Esses óleos podem ser usados em difusores ou aplicados diluídos na pele, especialmente na região do estômago, para intensificar o trabalho energético no chakra.

Explorar e praticar o autoempoderamento em atividades cotidianas é também uma forma de fortalecer o Chakra do Plexo Solar. Cada pequena ação que exige coragem, desde expressar uma opinião até tomar decisões conscientes sobre a própria vida, contribui para fortalecer esse centro energético. Honrar as próprias escolhas e ser fiel aos próprios valores são práticas que ampliam a autoestima e alimentam a chama do poder interior. Atos de autoafirmação, como colocar limites saudáveis e cultivar o autocuidado, fortalecem o Chakra do Plexo Solar e promovem um estado de autoconfiança genuína.

Para aqueles que buscam uma conexão mais profunda com o Chakra do Plexo Solar, práticas de gratidão e celebração das próprias conquistas são altamente recomendadas. Cultivar a gratidão pelo próprio caminho e reconhecer as pequenas vitórias diárias ajudam a construir um senso de valor próprio e de satisfação com a vida. Ao reconhecer e valorizar cada etapa de crescimento pessoal, a energia do Chakra do Plexo Solar se expande, criando uma base sólida de autoconfiança e resiliência.

Em essência, o Chakra do Plexo Solar é a fonte de nosso poder pessoal e de nossa capacidade de manifestar intenções e sonhos. Trabalhar com esse centro energético é uma jornada de fortalecimento e autodescoberta, onde se aprende a valorizar a própria força e a expressá-la de forma equilibrada e autêntica. Quando o Chakra do Plexo Solar está em harmonia, ele ilumina o caminho com uma confiança serena, permitindo que cada pessoa seja a protagonista de sua própria história, agindo com determinação e propósito.

Cultivar e equilibrar o Chakra do Plexo Solar é um passo essencial na jornada espiritual, pois ele sustenta a coragem necessária para explorar os aspectos mais profundos do ser e a capacidade de expandir-se rumo à própria essência divina.

Capítulo 11
Ritual para o Plexo Solar

O Chakra do Plexo Solar, ou Manipura, é o centro de poder pessoal e autoestima, e harmonizá-lo permite um fortalecimento da autoconfiança e uma expressão verdadeira do próprio ser. O ritual para o Plexo Solar é um convite para despertar a força interior e se reconectar com a chama da motivação e do propósito. Esse ritual é destinado a equilibrar a energia do Plexo Solar, promovendo uma experiência de autoaceitação, autoconfiança e clareza na expressão pessoal. Com o uso de práticas como a visualização, afirmações poderosas, respiração consciente e exercícios físicos, esse ritual visa fortalecer o centro de poder, permitindo que cada pessoa encontre sua verdade e expresse sua essência com autenticidade e coragem.

Para começar, é essencial criar um ambiente que promova a sensação de confiança e poder. Escolha um local calmo, onde você possa se concentrar sem interrupções. Velas amarelas, flores do mesmo tom e tecidos dourados podem ser utilizados para decorar o espaço, refletindo a cor e a energia do Chakra do Plexo Solar. O uso de cristais como citrino e olho de tigre também ajuda a ativar a energia do chakra e promove o equilíbrio. Aromas como o de gengibre, bergamota e limão são especialmente recomendados para esse ritual, pois eles estimulam a clareza mental e promovem a energia vital.

Comece o ritual sentando-se confortavelmente, com a coluna ereta e os pés firmemente apoiados no chão. Feche os olhos e inicie uma respiração profunda, inspirando e expirando de maneira ritmada, sentindo o ar preencher os pulmões e expandir o abdômen. Concentre-se na região do estômago, onde o Chakra do

Plexo Solar está localizado, e visualize uma esfera de luz dourada pulsando e irradiando calor e energia. Imagine que essa esfera se expande e contrai a cada respiração, iluminando toda a área do abdômen e expandindo-se para o restante do corpo. Permita que essa visualização permaneça por alguns minutos, sentindo o calor e a força dessa energia dourada, que simboliza o seu poder interior e a sua autoconfiança.

As afirmações são uma ferramenta poderosa para fortalecer o Chakra do Plexo Solar e reprogramar a mente para uma atitude de autoconfiança. Durante o ritual, repita mentalmente ou em voz alta frases como "Eu sou digno e confio em mim mesmo", "Eu honro minha força e meu poder pessoal" e "Eu sou capaz de alcançar meus objetivos com clareza e determinação". Essas afirmações criam uma ressonância energética que contribui para a autoestima e dissolve padrões de pensamento limitantes. A cada repetição, sinta que a confiança em si mesmo aumenta e que sua presença se torna mais sólida e segura. Essas palavras são como sementes plantadas no solo do chakra, que vão crescendo e fortalecendo o senso de autovalorização.

O uso de cristais durante o ritual pode ajudar a estabilizar e intensificar a energia do Plexo Solar. O citrino, um cristal associado à prosperidade e à vitalidade, é especialmente eficaz para o chakra, pois ele aumenta a energia positiva e fortalece a confiança. Segurar um citrino nas mãos ou posicioná-lo sobre a região do estômago enquanto pratica a visualização ajuda a estimular o chakra e a amplificar a energia de autoconfiança. O olho de tigre é outro cristal recomendado, conhecido por suas propriedades de coragem e proteção. Manter esses cristais próximos durante o ritual cria uma atmosfera de apoio e estabilidade, promovendo um ambiente onde o Chakra do Plexo Solar pode se expandir livremente.

A respiração do fogo, ou "Kapalabhati", é uma prática de respiração do ioga altamente recomendada para o Plexo Solar, pois energiza o centro abdominal e ativa a força vital. Para praticar essa respiração, sente-se com a coluna ereta e inspire profundamente. Em seguida, exale rapidamente contraindo o abdômen de maneira curta e intensa, repetindo esse movimento de exalação várias vezes, enquanto a inspiração ocorre de forma natural entre as exalações. Essa técnica é conhecida por limpar o sistema de energia e aquecer o corpo, promovendo uma sensação de vitalidade e despertando a força interior. Pratique por alguns minutos, visualizando que cada exalação fortalece o poder do Chakra do Plexo Solar.

Movimentos corporais também são essenciais para ativar e equilibrar esse chakra. Posturas de ioga que envolvem a área abdominal, como a postura do barco (Navasana), a postura do arco (Dhanurasana) e a prancha (Kumbhakasana), ajudam a fortalecer a região do Plexo Solar e promovem a sensação de força e resistência. Pratique essas posturas durante o ritual, conectando-se com o centro do corpo e sentindo o aumento da energia vital. Cada postura física ativa e harmoniza o chakra, permitindo que a energia flua livremente e fortalecendo a confiança.

O som é uma ferramenta poderosa para ativar e harmonizar o Chakra do Plexo Solar. O mantra "Ram" é associado a esse chakra e pode ser entoado durante o ritual para aumentar a vibração energética. Sente-se em uma posição confortável, feche os olhos e comece a entoar o mantra "Ram", permitindo que o som ressoe na região do estômago. Sinta a vibração reverberar pelo abdômen, dissolvendo bloqueios e aumentando a confiança e a força. Esse som simples, mas potente, ajuda a abrir o Chakra do Plexo Solar e a conectar-se com a própria energia de poder e determinação.

Após as práticas de respiração, visualização e movimentos, um momento de gratidão é altamente recomendado. Agradeça a si mesmo por ter se comprometido com a jornada de autoconhecimento e por permitir que sua energia de poder pessoal se fortaleça. Esse momento de gratidão sela o ritual, reforçando a conexão com o próprio valor e a confiança. Manter um diário para registrar sentimentos e percepções que surgirem durante e após o ritual é uma prática valiosa para acompanhar o progresso e refletir sobre o desenvolvimento pessoal. Esse exercício de autorreflexão ajuda a consolidar os resultados do ritual e a criar uma base para o crescimento contínuo.

Após o ritual, é importante permanecer consciente das sensações e sentimentos que surgem. O Chakra do Plexo Solar, ao ser ativado, pode trazer à tona emoções e pensamentos relacionados a desafios de autoestima e autovalorização. Aceitar essas sensações e trabalhar com elas de forma compassiva é parte do processo de cura. Cada passo em direção à autoconfiança e à autoestima é uma vitória que fortalece o centro de poder e permite uma expressão mais autêntica e segura do próprio ser.

Esse ritual para o Plexo Solar pode ser repetido regularmente, especialmente em momentos em que a confiança e a motivação parecem enfraquecidas. Com a prática contínua, o Chakra do Plexo Solar se fortalece, trazendo uma sensação estável de autoestima, clareza e resiliência. Trabalhar com esse chakra permite que cada pessoa encontre seu próprio poder e aprenda a expressá-lo de maneira harmoniosa, sem excessos ou falta. É uma jornada de autodescoberta e fortalecimento que cria uma base sólida para o desenvolvimento espiritual.

Em essência, o ritual para o Chakra do Plexo Solar é uma prática de empoderamento e autoconfiança. Ele ensina que o poder pessoal é uma qualidade inerente a cada um de nós e que, quando nutrido e equilibrado, esse poder se manifesta como uma expressão genuína do nosso ser.

Capítulo 12
Chakra Cardíaco – Amor e Compaixão

O Chakra Cardíaco, também chamado de Anahata, é o quarto dos sete chakras e está localizado no centro do peito, exatamente na altura do coração. Esse chakra atua como ponto de convergência entre os três chakras inferiores, que estão relacionados com aspectos mais físicos e terrenos, e os três chakras superiores, que se relacionam com as esferas espirituais e de consciência elevada. Representado pela cor verde e pelo elemento ar, o Chakra Cardíaco é o centro de amor, compaixão e conexão. Ele é a porta para o amor incondicional, que transcende o amor romântico e abrange o amor pela vida, pelo universo, pelo outro e por si mesmo. O Anahata representa a energia do Sagrado Feminino em uma de suas expressões mais puras, pois é através do coração que experimentamos a empatia, o perdão e a aceitação.

No caminho do autoconhecimento e do equilíbrio energético, o Chakra Cardíaco ocupa um lugar central. Quando ele está aberto e harmonizado, ele permite uma conexão profunda com os outros e com o universo. Sentimos um amor genuíno e desinteressado, uma aceitação do outro como ele é, sem julgamentos. Um Chakra Cardíaco equilibrado permite que o amor flua livremente, promovendo uma sensação de paz, harmonia e equilíbrio. No entanto, quando o chakra está bloqueado ou em desequilíbrio, podemos experimentar sentimentos de tristeza, ressentimento e solidão, e dificuldades para confiar e perdoar. A falta de equilíbrio no Chakra Cardíaco nos desconecta dos outros e de nós mesmos, e, ao invés de amor, manifestamos medos e apegos.

O Chakra Cardíaco também está intimamente relacionado com a capacidade de receber e de doar. Pessoas com o Anahata harmonizado conseguem dar amor sem esperar algo em troca, simplesmente pela alegria de compartilhar. No entanto, essa generosidade se estende ao autoamor, pois a verdadeira compaixão começa com a aceitação e o amor por si próprio. Essa é uma das lições mais profundas que o Chakra Cardíaco nos ensina: a de que, para amar plenamente o outro, primeiro é preciso cultivar o amor e a aceitação dentro de si. Muitas vezes, o desequilíbrio nesse chakra ocorre porque a pessoa se doa ao ponto de se esgotar ou porque se fecha em si mesma, temendo a vulnerabilidade que o amor e a entrega exigem.

A energia do Chakra Cardíaco é como uma brisa suave; ela tem a capacidade de curar feridas emocionais e de trazer leveza para a alma. O elemento ar reflete essa natureza, pois, assim como o ar, o amor verdadeiro é livre e impossível de ser contido. Aprender a equilibrar esse chakra é, portanto, aprender a amar de forma livre, sem tentar controlar ou possuir. É aprender a confiar, a perdoar e a deixar que o amor seja um processo contínuo de crescimento e transformação.

Para equilibrar o Chakra Cardíaco, a prática de visualização é especialmente poderosa. Comece sentando-se em uma posição confortável e feche os olhos. Respire profundamente e concentre-se no centro do peito, onde o chakra está localizado. Visualize uma luz verde, como uma esmeralda brilhante, expandindo-se e preenchendo o peito com sua energia. Essa luz verde representa o amor incondicional e a cura, dissolvendo qualquer bloqueio ou dor que possa estar acumulada. Imagine que essa luz verde se expande para além do corpo, envolvendo você em uma aura de amor e compaixão. Permaneça nessa visualização por alguns minutos, sentindo-se preenchido por essa energia amorosa e pacífica.

As afirmações são uma prática complementar e valiosa para o equilíbrio do Chakra Cardíaco. Repetir frases como "Eu sou digno de amor", "Eu dou e recebo amor com facilidade" e "Eu aceito e perdoo a mim mesmo e aos outros" ajuda a reprogramar a mente para cultivar um estado de amor e aceitação. Essas afirmações fortalecem a relação consigo mesmo e com os outros, promovendo uma mentalidade de compaixão e abertura. Ao repetí-las, visualize o amor expandindo-se do coração para todo o corpo, preenchendo cada célula com a energia da aceitação e do perdão.

O uso de cristais também pode ser uma prática eficaz para harmonizar o Chakra Cardíaco. Cristais como quartzo rosa, aventurina verde e malaquita são conhecidos por suas propriedades de cura emocional e abertura do coração. O quartzo rosa, por exemplo, é um cristal de amor e compaixão que ajuda a aliviar mágoas e a promover o amor-próprio. A aventurina verde é um cristal calmante que favorece o bem-estar emocional e a conexão com a natureza. Colocar um desses cristais sobre o peito ou segurá-lo durante a meditação amplifica a energia do amor e ajuda a equilibrar o Anahata, promovendo uma sensação de serenidade e harmonia.

A prática de respiração consciente também é uma ferramenta valiosa para o equilíbrio do Chakra Cardíaco. A respiração profunda e lenta, conhecida como respiração de coerência cardíaca, ajuda a sincronizar os ritmos do coração e da mente, promovendo um estado de paz e harmonia. Para praticar, sente-se em uma posição confortável, inspire contando até cinco e expire também em cinco tempos, focando na área do coração. Ao praticar essa respiração, visualize que a cada inspiração, o coração se enche de amor e paz, e que a cada expiração, ele libera qualquer tristeza ou dor. Essa prática cria uma conexão direta com o coração e promove uma abertura suave do Chakra Cardíaco.

A prática de autoaceitação é essencial para o equilíbrio do Chakra Cardíaco. Esse chakra nos ensina que, para dar amor de forma saudável, é necessário primeiro amar e aceitar a si mesmo. Isso envolve perdoar-se pelos próprios erros, tratar-se com gentileza e compreender que ninguém é perfeito. A prática da autoaceitação é uma jornada que requer paciência e compaixão, mas que traz uma paz interna que fortalece o coração.

Diariamente, reserve um momento para olhar-se no espelho, fazer uma pausa e dizer palavras de apoio e carinho a si mesmo, como "Eu me amo exatamente como sou". Essa prática simples fortalece o vínculo consigo mesmo e desperta o amor incondicional.

As práticas de bondade e compaixão também são poderosas para abrir o Chakra Cardíaco. Pequenos atos de bondade, como ouvir alguém com atenção, oferecer ajuda ou dar um sorriso, são expressões de um coração aberto e receptivo. A compaixão e a empatia são energias que curam, não apenas para quem as recebe, mas também para quem as oferece. Quando praticamos atos de bondade, fortalecemos a energia do Anahata e promovemos um estado de paz e conexão. Essas ações nos lembram que o amor é uma força que une e cura, tanto a quem dá quanto a quem recebe.

A natureza é uma aliada natural para o Chakra Cardíaco, pois ela simboliza o amor incondicional e o equilíbrio. Passar tempo ao ar livre, em parques ou florestas, ajuda a renovar e a harmonizar o coração. A energia da natureza, em especial das plantas e das árvores, promove a cura emocional e ajuda a recarregar o Anahata. O simples ato de caminhar descalço na grama ou de encostar-se em uma árvore é uma forma de conectar-se com a Terra e abrir o coração para as energias naturais e curativas.

Para aqueles que desejam um aprofundamento, a prática do perdão é fundamental no trabalho com o Chakra Cardíaco. O perdão, muitas vezes, é um processo desafiador, mas essencial para a cura do coração. Guardar ressentimentos e mágoas fecha o Chakra Cardíaco e impede que o amor flua livremente. Praticar o perdão, seja em relação a si mesmo ou aos outros, liberta a energia estagnada e promove uma renovação profunda do coração. O perdão não significa esquecer ou justificar, mas sim libertar-se das correntes da dor para abrir espaço para o amor.

Em sua essência, o Chakra Cardíaco é o centro da conexão universal e da compaixão. Trabalhar com esse chakra é permitir que o amor guie cada aspecto da vida, trazendo uma compreensão de que todos estamos conectados e que o amor é a energia que une e sustenta a vida. O equilíbrio do Chakra Cardíaco não apenas promove o bem-estar emocional, mas também eleva o estado de consciência, permitindo uma vida de paz e unidade com o universo.

Capítulo 13
Ritual para o Chakra Cardíaco

O ritual para o Chakra Cardíaco, ou Anahata, é um processo de abertura, cura e renovação que promove o amor, a compaixão e a aceitação. No centro do nosso ser, o Anahata é o ponto de convergência onde as energias inferiores e superiores se encontram, formando uma ponte entre o terreno e o espiritual. Realizar um ritual para o Chakra Cardíaco é uma prática profunda de autorreflexão e de entrega ao amor incondicional, tanto por si mesmo quanto pelos outros e pela vida em geral. Este capítulo descreve um ritual detalhado para equilibrar e fortalecer o Chakra Cardíaco, utilizando técnicas de meditação, visualização, mantras e o uso de cristais e óleos essenciais.

Para iniciar, é importante escolher um ambiente que inspire paz e harmonia. O espaço deve ser acolhedor, e decorar o ambiente com flores, tecidos e objetos na cor verde pode intensificar a energia do coração. A cor verde, associada ao Anahata, simboliza cura, crescimento e renovação, conectando-nos diretamente com a energia do amor incondicional. Além disso, preparar o ambiente com uma vela verde ou rosa e cristais como o quartzo rosa ou a aventurina verde pode amplificar o efeito do ritual. Aromas suaves, como o de rosa, lavanda ou gerânio, são recomendados, pois ajudam a criar uma atmosfera de tranquilidade e abertura.

O ritual começa com uma prática de respiração consciente, conhecida como respiração de coerência cardíaca, que ajuda a conectar a mente ao coração e a promover um estado de harmonia. Sente-se confortavelmente, com a coluna ereta e as mãos sobre o peito, fechando os olhos para concentrar-se nas sensações. Inspire lenta e profundamente contando até cinco, preenchendo os pulmões de forma calma, e depois expire na mesma contagem, liberando o ar e qualquer tensão. Repita essa respiração por alguns minutos, visualizando o coração como uma flor que se abre gradualmente a cada respiração, irradiando amor e compaixão. Essa prática prepara o campo energético, promovendo um estado de paz e equilíbrio para o restante do ritual.

A visualização é uma prática poderosa para o Chakra Cardíaco. Após a respiração, permaneça de olhos fechados e visualize uma esfera de luz verde brilhante no centro do peito. Imagine que essa luz se expande a cada inspiração, preenchendo o peito e irradiando-se para o restante do corpo. Essa esfera de luz representa o amor universal e a compaixão, dissolvendo quaisquer bloqueios e promovendo a cura do coração. Continue a visualização por alguns minutos, permitindo que a luz verde preencha cada parte de si, dissolvendo emoções reprimidas e promovendo uma sensação de calma e paz. Essa luz é um símbolo de autocompaixão e de aceitação, ajudando a liberar mágoas e ressentimentos acumulados.

As afirmações positivas são outra técnica essencial no ritual para o Chakra Cardíaco, pois ajudam a reprogramar a mente e a fortalecer o vínculo com o amor incondicional. Repetir afirmações como "Eu sou digno de amor e compaixão", "Eu me perdoo e perdoo os outros" e "Eu aceito o amor em minha vida" promove uma mentalidade de aceitação e confiança. Ao recitar essas afirmações, sinta que elas ecoam dentro do coração, criando uma ressonância que expande e fortalece o Chakra Cardíaco. Com o tempo, essas afirmações ajudam a dissolver sentimentos de inadequação e a fortalecer a autoconfiança e o autoamor.

Cristais específicos, como o quartzo rosa e a aventurina verde, podem ser integrados ao ritual para amplificar a energia de cura e de amor do Chakra Cardíaco. O quartzo rosa é conhecido como o cristal do amor, promovendo a aceitação e a compaixão, enquanto a aventurina verde traz harmonia e equilíbrio emocional. Segurar um desses cristais sobre o coração ou colocá-los próximos durante a prática de visualização intensifica a energia do ritual, ajudando a abrir e equilibrar o Anahata. Se preferir, você pode deitar-se e posicionar o cristal diretamente sobre o centro do peito, permitindo que ele atue diretamente sobre o chakra durante a meditação.

A prática do mantra "Yam", o som sagrado associado ao Chakra Cardíaco, é uma técnica poderosa para despertar e alinhar a energia do Anahata. Sente-se confortavelmente, feche os olhos e comece a entoar o mantra "Yam" em um ritmo suave e constante. Ao vocalizar o som, concentre-se na vibração que ele cria no peito, sentindo que ela reverbera no coração e se expande. Esse mantra é conhecido por sua capacidade de desbloquear e purificar o Chakra Cardíaco, promovendo uma sensação de paz e conexão com o amor universal. Praticar o mantra por alguns minutos ajuda a estabelecer uma conexão direta com o coração, promovendo uma sensação de unidade e de abertura.

O uso de óleos essenciais é outra técnica importante para intensificar o efeito do ritual. Óleos como o de rosa, lavanda e gerânio são conhecidos por suas propriedades calmantes e harmonizadoras, promovendo o equilíbrio emocional e o fortalecimento do Chakra Cardíaco. O óleo essencial de rosa, em especial, é considerado o óleo do amor e da compaixão, sendo amplamente utilizado em práticas de cura emocional. Para aplicar, dilua algumas gotas do óleo escolhido em um óleo vegetal e passe sobre o peito, fazendo movimentos circulares enquanto se concentra no coração. A inalação desses óleos também pode ser feita antes ou durante o ritual, ajudando a criar uma atmosfera de tranquilidade e acolhimento.

A prática de gratidão é um dos métodos mais eficazes para ativar e expandir a energia do Chakra Cardíaco. Depois das práticas de visualização e de entoação do mantra, reserve um momento para refletir sobre as bênçãos em sua vida, pequenas ou grandes. Agradeça por pessoas, experiências e até mesmo desafios que contribuíram para o seu crescimento. Essa prática de gratidão não apenas fortalece o Anahata, mas também promove uma mentalidade de abundância e de aceitação. A gratidão é uma forma de amor em ação, e ao cultivar esse sentimento, você abre o coração para receber e expressar amor de maneira plena.

Para finalizar o ritual, uma prática de perdão é altamente recomendada, pois o perdão é um dos elementos mais importantes na cura do Chakra Cardíaco. Segure o cristal que usou durante o ritual e visualize que ele absorve qualquer sentimento de mágoa ou rancor. Se houver pessoas ou situações que você precisa perdoar, visualize-as diante de si e mentalize palavras de liberação, como "Eu liberto você e me liberto da dor". Esse ato de perdão não é apenas para os outros, mas, principalmente, para si mesmo. Ele representa um desapego dos pesos emocionais que impedem a expansão do amor. Com a prática do perdão, o Chakra Cardíaco se libera de bloqueios e se abre para uma energia renovada.

Manter um diário para registrar os sentimentos e insights após o ritual pode ser uma prática valiosa. O Chakra Cardíaco, ao ser trabalhado, muitas vezes traz à tona memórias e emoções intensas, que podem ser acolhidas e compreendidas ao serem anotadas. Esse processo de reflexão ajuda a perceber padrões emocionais e a acompanhar o próprio progresso na jornada de autoconhecimento e cura. A cada nova experiência, o coração se fortalece e o amor se torna uma força transformadora e presente.

O ritual para o Chakra Cardíaco é uma prática que pode ser repetida regularmente, especialmente em momentos em que a confiança e o amor parecem enfraquecidos. Com o tempo, esse ritual ajuda a criar uma relação mais profunda consigo mesmo e com o universo, promovendo uma vida de amor, compaixão e harmonia. Cada vez que o Anahata é equilibrado, ele se torna uma fonte de cura e de luz, permitindo que o amor flua livremente e cure tanto a si quanto ao ambiente ao redor.

Em sua essência, o ritual para o Chakra Cardíaco é uma prática de abertura e de conexão com o amor incondicional. Ele ensina que o verdadeiro amor começa no próprio coração e que, ao amar e aceitar a si mesmo, é possível expandir esse amor para o mundo, promovendo uma experiência de unidade e de paz.

Capítulo 14
Chakra Laríngeo – Comunicação e Verdade

O Chakra Laríngeo, também conhecido como Vishuddha, é o quinto chakra no sistema energético e está localizado na região da garganta. Representado pela cor azul e associado ao elemento éter, o Vishuddha é o centro da comunicação, da expressão autêntica e da verdade. Esse chakra é responsável pela nossa capacidade de expressar pensamentos, emoções e intuições de forma clara e honesta. Quando o Chakra Laríngeo está em equilíbrio, somos capazes de nos comunicar com clareza e assertividade, utilizando nossa voz para manifestar nossas ideias e necessidades de maneira autêntica. No entanto, quando está bloqueado ou desequilibrado, podem surgir dificuldades para falar o que se sente, medo de ser julgado e até mesmo problemas físicos na região da garganta e do pescoço.

O Vishuddha está intimamente ligado ao Sagrado Feminino, pois ele representa a voz da intuição e da sabedoria interna, permitindo que a energia feminina se manifeste de forma clara e harmoniosa. Esse chakra é a ponte entre o coração e a mente, e, através dele, expressamos nossos sentimentos mais profundos e as verdades que vêm do coração. A comunicação autêntica, simbolizada pelo Chakra Laríngeo, é um dos aspectos mais transformadores do autoconhecimento, pois permite que cada pessoa se conecte com sua verdade interna e a compartilhe com o mundo. Trabalhar com o Vishuddha é, portanto, um processo de aceitação e liberação, onde se aprende a honrar a própria voz e a expressar a verdade sem medo.

Quando o Chakra Laríngeo está em equilíbrio, somos capazes de expressar pensamentos e sentimentos sem insegurança, exercendo uma comunicação saudável e assertiva. Esse equilíbrio permite que a voz seja usada como ferramenta de cura e de conexão, fortalecendo o poder de criação e de manifestação. A capacidade de comunicar-se de maneira verdadeira gera um impacto profundo em todas as áreas da vida, pois cria um ambiente de confiança e respeito mútuo. Em contrapartida, o desequilíbrio do Vishuddha pode causar bloqueios emocionais, levando ao medo de falar, à repressão de sentimentos e até mesmo a conflitos internos, quando não conseguimos verbalizar o que realmente sentimos e pensamos.

O Chakra Laríngeo também desempenha um papel fundamental na escuta consciente, um aspecto muitas vezes esquecido da comunicação. Ouvir com empatia e atenção é tão importante quanto saber falar, pois a comunicação verdadeira é uma via de mão dupla. Quando esse chakra está aberto, a escuta se torna mais profunda, permitindo uma conexão sincera e harmoniosa com os outros. Esse aspecto receptivo do Vishuddha reflete a essência do Sagrado Feminino, que valoriza a empatia e o entendimento. Ouvir com o coração aberto é uma forma de comunicação que fortalece os laços e promove uma compreensão mais profunda.

Uma prática poderosa para ativar o Chakra Laríngeo é a visualização da cor azul. Sente-se em uma posição confortável, feche os olhos e comece a respirar profundamente. Concentre-se na área da garganta e visualize uma luz azul clara, semelhante ao céu aberto, expandindo-se e preenchendo toda a região do pescoço e da garganta. Imagine que essa luz azul dissolve qualquer bloqueio, permitindo que a energia flua livremente. Permaneça nessa visualização por alguns minutos, sentindo a sensação de clareza e leveza que ela proporciona. A cor azul é refrescante e purificadora, e, ao visualizá-la, você permite que o chakra se harmonize, promovendo a expressão da verdade e da autenticidade.

As afirmações positivas são uma técnica complementar importante para fortalecer o Chakra Laríngeo. Repetir frases como "Eu expresso minha verdade com confiança", "Minha voz é necessária e valiosa" e "Eu comunico meus sentimentos de forma clara e amorosa" ajuda a reprogramar a mente para uma comunicação mais segura e honesta. Essas afirmações devem ser ditas em voz alta, se possível, para que o som da própria voz reforce a intenção de liberação e verdade. Cada repetição dessas frases é uma afirmação de valor e de autenticidade, permitindo que o chakra se fortaleça e que a confiança na própria voz seja renovada.

O uso de cristais, como a sodalita, a água-marinha e a turquesa, também é eficaz para equilibrar o Chakra Laríngeo. A sodalita é conhecida por promover a comunicação e a verdade, ajudando a dissolver medos e inseguranças ligados à expressão pessoal. A água-marinha traz calma e claridade, auxiliando na comunicação amorosa e pacífica, enquanto a turquesa promove o autoconhecimento e facilita a expressão sincera. Para usar esses cristais, você pode segurá-los durante a meditação, colocá-los ao redor do pescoço ou posicioná-los sobre a garganta enquanto pratica a visualização. Esses cristais criam uma vibração harmonizadora que sintoniza o chakra, promovendo um estado de clareza e coragem para falar.

A respiração consciente é uma técnica eficaz para purificar e abrir o Chakra Laríngeo. Praticar a respiração ujjayi, também conhecida como "respiração vitoriosa", ajuda a criar uma conexão direta com o chakra e promove a calma e o foco. Para praticá-la, inspire profundamente pelo nariz e, ao expirar, faça um leve som sibilante na garganta, como um murmúrio suave. Esse som ressonante cria uma vibração na área da garganta, estimulando o chakra e promovendo a liberação de bloqueios. Praticar essa respiração por alguns minutos, enquanto visualiza a luz azul na garganta, intensifica o efeito da prática e permite que o chakra se expanda.

Os mantras também são ferramentas poderosas para trabalhar o Chakra Laríngeo. O som "Ham" é o mantra associado ao Vishuddha e pode ser entoado para ativar e equilibrar o chakra. Sente-se confortavelmente, feche os olhos e, ao expirar, entoe o mantra "Ham", permitindo que o som ressoe na garganta. Sinta a vibração do som enquanto ele percorre a área do chakra, desbloqueando qualquer energia estagnada. Esse mantra ajuda a criar um estado de tranquilidade e abertura, promovendo a expressão verdadeira e livre. Praticar o mantra por alguns minutos fortalece a conexão com o chakra e desperta a confiança na própria voz.

O uso de óleos essenciais é uma prática complementar que intensifica o efeito do ritual. Óleos como hortelã-pimenta, eucalipto e camomila são recomendados para o Chakra Laríngeo, pois eles promovem a clareza mental e aliviam a tensão na região do pescoço e da garganta. O óleo de hortelã-pimenta, por exemplo, tem um efeito revigorante que estimula a comunicação e a concentração, enquanto o óleo de eucalipto purifica e facilita a respiração. Aplicar algumas gotas diluídas desses óleos na área da garganta ou inalá-los durante o ritual ajuda a liberar bloqueios e a aumentar a sensação de clareza e abertura.

A prática de escrever é outra forma poderosa de trabalhar com o Chakra Laríngeo, pois permite a expressão de pensamentos e emoções que talvez não possam ser ditos em voz alta. Reservar um tempo para escrever sobre sentimentos, preocupações e sonhos é uma forma de liberar o que está reprimido e de acessar a própria verdade. A escrita pode ser uma ferramenta terapêutica para quem tem dificuldade em se expressar verbalmente, pois ela proporciona uma forma segura de comunicação. Esse exercício de autorreflexão fortalece o chakra e cria uma relação mais honesta consigo mesmo e com os outros.

A escuta ativa é um aspecto fundamental no trabalho com o Chakra Laríngeo, pois aprender a ouvir é parte integrante da comunicação verdadeira. Pratique a escuta com atenção, sem interromper ou julgar, permitindo que a outra pessoa se expresse livremente. Essa prática promove a empatia e o entendimento, qualidades que equilibram o Vishuddha. Ao praticar a escuta consciente, o chakra se fortalece, pois ele aprende a receber e a processar a comunicação com paciência e respeito. Ouvir com o coração aberto é uma habilidade que promove conexões mais profundas e significativas.

Ao final do ritual, é importante reservar um momento de gratidão e autocuidado. Agradeça a si mesmo pela coragem de trabalhar com sua verdade e pela abertura para comunicar-se de forma autêntica. Manter um diário de reflexões após o ritual pode ajudar a acompanhar o progresso e a perceber como a comunicação evolui ao longo do tempo. Esse diário pode incluir observações sobre como a expressão da verdade está sendo integrada no cotidiano, permitindo que o Chakra Laríngeo se mantenha em equilíbrio e em harmonia com o eu interior.

Este ritual pode ser repetido sempre que houver uma necessidade de expressar sentimentos reprimidos ou de fortalecer a autoconfiança na comunicação. Com o tempo, o trabalho com o Vishuddha promove uma transformação profunda, onde a verdade interior se torna o guia da comunicação e da escuta. A jornada para equilibrar o Chakra Laríngeo é, em última análise, um caminho de autoconhecimento e liberdade, permitindo que a expressão da verdade se torne uma prática diária e essencial.

Capítulo 15
Ritual para o Chakra Laríngeo

O ritual para o Chakra Laríngeo, ou Vishuddha, é uma prática destinada a desbloquear, equilibrar e fortalecer a capacidade de expressão autêntica e comunicação verdadeira. Este chakra, situado na região da garganta e simbolizado pela cor azul, é o portal que nos permite manifestar nossos pensamentos, sentimentos e intuições. Ele representa a voz da verdade, o alinhamento entre o que pensamos, sentimos e expressamos. Trabalhar com o Chakra Laríngeo é, portanto, abrir-se para a liberdade de comunicar-se sem medo, de ouvir com empatia e de se expressar com clareza e coragem. Este ritual utiliza técnicas de visualização, respiração, mantras e outros elementos que ajudam a ativar e harmonizar o Vishuddha, promovendo uma expressão verdadeira e sem reservas.

Para iniciar o ritual, é essencial preparar um espaço calmo e seguro onde você possa se conectar consigo mesmo e com sua voz interior. O ambiente ideal deve ser tranquilo e livre de distrações. Use elementos de decoração em tons de azul, a cor associada ao Chakra Laríngeo, como velas, tecidos ou flores, para criar uma atmosfera propícia. Aromas refrescantes, como os de eucalipto, hortelã-pimenta ou camomila, podem ser usados em um difusor para purificar o ar e promover uma sensação de leveza e abertura. Esses aromas ajudam a acalmar a mente e a despertar a clareza, criando um campo energético que favorece a comunicação verdadeira e a expressão.

Comece o ritual com uma prática de respiração consciente para conectar-se com a região do chakra. Sente-se confortavelmente, com a coluna ereta, e feche os olhos. Inspire profunda e lentamente pelo nariz, sentindo o ar passar pela garganta, e depois expire pela boca, soltando qualquer tensão que possa estar acumulada na área. Repita essa respiração algumas vezes, focando a atenção na garganta e permitindo que ela se relaxe e se abra. Essa respiração inicial ajuda a trazer presença e tranquilidade, preparando a mente e o corpo para a prática de equilíbrio do Vishuddha.

A visualização é uma técnica poderosa para desbloquear o Chakra Laríngeo. Depois de algumas respirações profundas, mantenha os olhos fechados e visualize uma esfera de luz azul brilhante na região da garganta. Imagine que essa luz azul se expande a cada inspiração, preenchendo toda a área do pescoço e irradiando-se para cima e para baixo, até o coração e a cabeça. Concentre-se nessa imagem por alguns minutos, visualizando que a luz azul dissolve qualquer bloqueio energético e fortalece sua capacidade de se expressar. Essa luz representa a verdade e a clareza, e ao focar nela, você está cultivando uma energia de autenticidade que permite a comunicação honesta e segura.

As afirmações positivas são fundamentais para o ritual do Chakra Laríngeo. Durante o ritual, repita mentalmente ou em voz alta frases como "Eu expresso minha verdade com confiança", "Minha voz é clara e autêntica" e "Eu me comunico com coragem e amor". Ao recitar essas afirmações, visualize que cada palavra se transforma em energia e se acumula no Chakra Laríngeo, dissolvendo bloqueios e promovendo uma sensação de clareza e libertação. Essas afirmações ajudam a criar uma mentalidade de abertura e coragem, fortalecendo o chakra e reprogramando a mente para uma expressão autêntica.

O uso de cristais é uma prática valiosa para fortalecer o Chakra Laríngeo. Cristais como a sodalita, a água-marinha e a turquesa são conhecidos por suas propriedades de cura e de promoção da expressão verdadeira. A sodalita é um cristal que estimula a confiança na própria voz, promovendo uma comunicação verdadeira e sincera. A água-marinha, com sua energia suave e calmante, ajuda a reduzir o medo e a ansiedade, enquanto a turquesa promove a clareza mental e a coragem. Para utilizar esses cristais, segure-os na mão durante o ritual ou coloque-os sobre a garganta enquanto realiza a visualização. Esses cristais criam uma ressonância energética que ajuda a fortalecer o Chakra Laríngeo e a promover uma comunicação aberta e clara.

A prática do mantra "Ham", o som associado ao Chakra Laríngeo, é uma ferramenta poderosa para desbloquear e equilibrar esse centro de energia. Sente-se confortavelmente, feche os olhos e comece a entoar o mantra "Ham" em um tom suave e constante. Ao vocalizar o som, sinta que ele vibra na área da garganta, criando uma ressonância que dissolve qualquer bloqueio e promove a abertura do chakra. Esse mantra ajuda a ativar a energia do Vishuddha, promovendo uma sensação de clareza e autoconfiança. Repetir o mantra por alguns minutos intensifica o efeito do ritual, fortalecendo o vínculo com a própria verdade e com a capacidade de expressão.

Os óleos essenciais desempenham um papel importante no equilíbrio do Chakra Laríngeo. Óleos como o de hortelã-pimenta, lavanda e camomila são recomendados para esse chakra, pois eles promovem clareza mental e aliviam a tensão na área do pescoço e da garganta. O óleo essencial de hortelã-pimenta, por exemplo, tem um efeito refrescante que estimula a mente e promove a confiança, enquanto o óleo de lavanda ajuda a acalmar e a relaxar. Aplicar algumas gotas desses óleos diluídos na área da garganta ou inalar seu aroma durante o ritual ajuda a purificar e a energizar o Chakra Laríngeo, criando um ambiente propício para a comunicação verdadeira e pacífica.

A escrita reflexiva é uma prática que ajuda a explorar e a liberar emoções e pensamentos que podem estar reprimidos. Reserve um tempo durante o ritual para escrever livremente, sem censura ou julgamentos, sobre o que sente e pensa. A prática de colocar os pensamentos no papel é uma forma de se expressar autenticamente, sem as limitações do medo ou da vergonha. Escrever sobre sonhos, preocupações, desejos e frustrações é uma maneira eficaz de limpar a mente e de fortalecer o Chakra

Laríngeo, promovendo uma comunicação verdadeira consigo mesmo e, consequentemente, com o mundo.

A prática da escuta ativa é um aspecto essencial para o equilíbrio do Chakra Laríngeo, pois ouvir com atenção é uma forma de comunicação verdadeira. Durante o ritual, tome um momento para refletir sobre a importância de ouvir e de acolher o que os outros têm a dizer. Pratique a escuta sem julgamentos e com empatia, abrindo-se para o que a outra pessoa quer expressar. Essa prática ajuda a criar um equilíbrio saudável no Chakra Laríngeo, promovendo a compreensão e o respeito mútuo. A escuta ativa é uma forma de conexão com o outro que fortalece a energia de comunicação e abre espaço para um diálogo sincero.

Ao final do ritual, faça uma prática de gratidão pela própria voz e pela capacidade de se expressar. Agradeça pela liberdade de comunicar sua verdade e por ter acesso a essa fonte de autenticidade que é o Chakra Laríngeo. Cultivar a gratidão é uma forma de fortalecer o chakra e de promover uma mentalidade de aceitação e de respeito por si mesmo. Manter um diário para registrar suas reflexões e percepções sobre o processo de expressão pessoal é uma prática útil para acompanhar seu crescimento e notar como o trabalho com o Vishuddha evolui ao longo do tempo. Esse registro é um recurso valioso para explorar os próprios pensamentos e sentimentos, permitindo um autoconhecimento mais profundo.

Este ritual pode ser repetido sempre que houver necessidade de desbloquear ou fortalecer o Chakra Laríngeo, especialmente em momentos em que a expressão pessoal parece difícil ou desafiadora. Com o tempo e a prática, o Vishuddha se fortalece, permitindo que a comunicação se torne uma fonte de liberdade e autenticidade. A jornada para equilibrar o Chakra Laríngeo é uma prática de reconexão com a verdade interna e de liberação das amarras que limitam a expressão verdadeira. Ao cultivar esse equilíbrio, a voz se torna uma ferramenta de transformação e cura, promovendo uma comunicação clara, compassiva e autêntica em todas as áreas da vida.

Capítulo 16
Chakra Frontal – Intuição e Sabedoria

O Chakra Frontal, também conhecido como Terceiro Olho ou Ajna, é o sexto chakra e está localizado entre as sobrancelhas, no centro da testa. Ele representa a visão interior, a percepção além do físico e o acesso à intuição e sabedoria. Associado à cor índigo e ao elemento luz, o Chakra Frontal é um portal para a compreensão profunda e espiritual, permitindo-nos enxergar além das limitações materiais e conectar-nos com a consciência superior. Esse chakra é essencial para o despertar do Sagrado Feminino, pois nele reside a intuição — a voz interna que guia, alerta e revela verdades ocultas, muitas vezes inacessíveis à mente racional.

O Chakra Frontal é o centro da percepção além dos cinco sentidos. Ele nos conecta ao mundo intuitivo, onde a mente transcende o raciocínio lógico e mergulha na sabedoria interna, nascendo de uma profunda conexão com o eu superior. Quando o Ajna está equilibrado, a intuição é clara e confiável, e as decisões são tomadas com confiança, baseadas em um entendimento profundo e alinhado com o propósito da alma. Ele nos permite ver a realidade de maneira mais completa, abrindo a mente para percepções sutis e promovendo uma consciência elevada. Quando bloqueado, no entanto, o Chakra Frontal pode causar confusão, indecisão, ceticismo excessivo e até mesmo uma desconexão da própria intuição.

No Sagrado Feminino, o Chakra Frontal é um dos pontos mais importantes, pois é nele que a energia feminina encontra uma forma de manifestar-se na sabedoria intuitiva e na visão espiritual. É através desse chakra que ouvimos a "voz da alma", o impulso que nos leva a tomar decisões alinhadas com o nosso verdadeiro ser. Trabalhar com o Ajna é abrir-se para a intuição, para os sinais que o universo nos envia e para a confiança na própria sabedoria interior. Esse processo de abertura é essencial para a jornada espiritual, pois promove um estado de clareza e paz, onde o ego é dissolvido e o ser real emerge.

Para harmonizar o Chakra Frontal, a prática de visualização é uma técnica extremamente eficaz. Sente-se em um lugar tranquilo, feche os olhos e concentre-se na área entre as sobrancelhas. Visualize uma luz índigo brilhante nessa região, pulsando suavemente, como uma estrela que ilumina o interior da mente. Imagine que essa luz se expande lentamente, preenchendo a cabeça e promovendo clareza mental e paz. Sinta que essa luz dissolve qualquer nuvem de confusão ou dúvida, permitindo que a visão interior se torne nítida e aberta. Essa prática de visualização ajuda a limpar o Ajna e a fortalecer a conexão com a intuição, promovendo um estado de consciência elevada e receptiva.

O uso de cristais é uma ferramenta poderosa para equilibrar o Chakra Frontal. Cristais como a ametista, o lápis-lazúli e a sodalita são especialmente eficazes para o Ajna, pois possuem propriedades que estimulam a intuição e promovem a clareza mental. A ametista, por exemplo, é conhecida por facilitar a meditação e a conexão espiritual, enquanto o lápis-lazúli promove a sabedoria e a verdade interior. Para utilizar esses cristais, coloque-os sobre a área do terceiro olho enquanto pratica a visualização, ou segure-os durante a meditação. Esses cristais amplificam a energia do chakra e ajudam a abrir a percepção espiritual, permitindo uma compreensão mais profunda de si e do universo.

A prática de respiração consciente também é uma técnica essencial para ativar o Chakra Frontal. A respiração alternada, ou Nadi Shodhana, é especialmente recomendada para purificar e equilibrar a mente e o sistema energético. Para praticá-la, sente-se com a coluna ereta e feche os olhos. Com o polegar direito, feche a narina direita e inspire profundamente pela narina esquerda. Em seguida, feche a narina esquerda com o anelar e expire pela narina direita. Continue alternando essa respiração, inspirando por uma narina e expirando pela outra, em um ritmo tranquilo. Essa prática ajuda a equilibrar os hemisférios cerebrais, promovendo clareza e calma mental, condições ideais para a ativação do Chakra Frontal.

As afirmações são outra técnica poderosa para reforçar o equilíbrio do Chakra Frontal. Repetir frases como "Eu confio na minha intuição", "Eu vejo além das ilusões" e "Minha mente está aberta e clara" fortalece a conexão com a sabedoria interior e ajuda a dissolver bloqueios mentais. Essas afirmações devem ser recitadas com intenção e convicção, permitindo que cada palavra ecoe na mente e crie uma ressonância positiva no Ajna. Com a prática contínua, essas afirmações se tornam ancoras de autoconfiança e percepção intuitiva, fortalecendo o chakra e promovendo um estado de paz e clareza.

A prática do mantra "Om" é fundamental para a harmonização do Chakra Frontal. O som "Om" é considerado o som primordial do universo e, ao entoá-lo, é possível acessar um estado de união e de paz interna. Sente-se em uma posição confortável, feche os olhos e comece a entoar o mantra "Om", sentindo a vibração do som na área do terceiro olho. Permita que essa vibração percorra toda a mente, dissolvendo bloqueios e promovendo uma sensação de unidade e clareza. Praticar o mantra por alguns minutos ajuda a abrir o Ajna e a promover um estado de presença e consciência elevada.

O uso de óleos essenciais também pode ajudar a ativar e equilibrar o Chakra Frontal. Óleos como o de sândalo, lavanda e olíbano são recomendados, pois promovem a paz interior e a clareza mental. O óleo de sândalo, em especial, é conhecido por sua capacidade de auxiliar na meditação e de estimular a intuição. O óleo de lavanda acalma a mente e alivia a tensão, enquanto o olíbano promove a conexão espiritual. Aplique algumas gotas de um desses óleos nas têmporas ou entre as sobrancelhas, ou use um difusor para espalhar o aroma durante a meditação. Esses óleos criam uma atmosfera de paz e abertura, facilitando o acesso à intuição e à visão interior.

A meditação é uma prática indispensável para o desenvolvimento do Chakra Frontal, pois ela permite que a mente transcenda os pensamentos superficiais e se conecte com a sabedoria interna. A meditação silenciosa, onde se concentra na respiração ou em um ponto fixo, ajuda a acalmar a mente e a criar um estado de receptividade e abertura. Meditar diariamente, mesmo que por alguns minutos, fortalece o Ajna e promove uma visão mais clara e objetiva da vida. Através da meditação, é possível acessar níveis mais profundos de percepção, onde a intuição e a sabedoria se tornam guias naturais no caminho espiritual.

Para aqueles que buscam um contato mais profundo com o Chakra Frontal, a prática do diário de sonhos é recomendada. O Ajna está intimamente ligado ao mundo dos sonhos, onde a mente subconsciente se comunica através de símbolos e mensagens. Manter um diário de sonhos e registrar as impressões e os temas recorrentes ajuda a desenvolver a interpretação intuitiva e a compreender melhor os processos internos. Essa prática não apenas fortalece o Ajna, mas também promove um autoconhecimento mais profundo, onde a intuição e a sabedoria interior ganham voz.

Ao final da prática, reserve um momento para a gratidão e a reflexão. Agradeça a si mesmo pelo tempo e pela dedicação ao desenvolvimento da intuição e da visão interior. Cultivar a gratidão ajuda a estabelecer uma conexão positiva com o Chakra Frontal e a fortalecer a confiança na própria sabedoria. Com o tempo e a prática constante, o Ajna se torna um canal de percepção clara, onde a intuição guia com leveza e segurança.

O ritual para o Chakra Frontal pode ser repetido sempre que houver a necessidade de acessar a intuição ou de resolver dúvidas e incertezas. Com o desenvolvimento contínuo desse chakra, o caminho espiritual se torna mais claro e iluminado, onde o ser passa a confiar plenamente na sabedoria que vem do interior. Trabalhar com o Ajna é uma jornada de autoconhecimento e de expansão da consciência, onde a mente e o espírito se alinham em um estado de paz, clareza e verdade.

Capítulo 17
Ritual para o Chakra Frontal

O ritual para o Chakra Frontal, ou Terceiro Olho, é uma prática que busca ativar e expandir o centro da intuição, da percepção e da sabedoria interior. Esse chakra, localizado entre as sobrancelhas, é representado pela cor índigo e está profundamente conectado ao acesso às realidades sutis e ao conhecimento além do racional. Trabalhar com o Chakra Frontal é mergulhar na percepção intuitiva e abrir-se para uma visão mais profunda e clara do eu e do universo. Este ritual utiliza práticas de visualização, meditação, uso de cristais, mantras e óleos essenciais para harmonizar o Ajna e permitir que a intuição se manifeste de forma mais nítida e segura.

Para iniciar o ritual, escolha um ambiente silencioso e tranquilo onde possa se concentrar e mergulhar na prática sem interrupções. Decorar o espaço com elementos na cor índigo, como velas ou cristais, ajuda a criar uma atmosfera de profundidade e mistério, sintonizando o ambiente com a energia do Chakra Frontal. Aromas como sândalo, olíbano e lavanda são ideais para essa prática, pois promovem o relaxamento e abrem a mente para a intuição. Acender um incenso de sândalo ou utilizar um difusor com óleo essencial de lavanda ajuda a preparar o espaço e cria uma conexão com o campo espiritual.

Comece o ritual com uma prática de respiração consciente para acalmar a mente e centrar-se na área do terceiro olho. Sente-se confortavelmente com a coluna ereta e feche os olhos. Inspire profunda e lentamente, concentrando-se na região entre as sobrancelhas, e depois expire devagar, liberando qualquer tensão ou preocupação. Essa respiração inicial ajuda a focar a atenção no

Chakra Frontal e a trazer a mente para o momento presente. Ao respirar, imagine que cada inspiração traz uma luz clara e tranquila que ilumina o centro da testa, despertando a percepção interna.

A visualização é uma técnica central neste ritual. Com os olhos fechados, continue focando na área entre as sobrancelhas e visualize uma esfera de luz índigo, brilhante e pulsante, exatamente nessa região. Imagine que essa luz se expande a cada respiração, preenchendo a cabeça e envolvendo todo o corpo em uma aura de clareza e paz. Concentre-se nessa luz por alguns minutos, sentindo que ela dissolve qualquer bloqueio energético e promove uma sensação de calma e percepção ampliada. Essa prática de visualização ativa o Terceiro Olho, fortalecendo o vínculo com a intuição e a capacidade de enxergar além do visível.

O uso de cristais é uma prática importante para intensificar a energia do Chakra Frontal. Cristais como a ametista, o lápis-lazúli e a fluorita são poderosos auxiliares para abrir o Ajna e fortalecer a percepção intuitiva. A ametista é conhecida por sua capacidade de promover a calma e a conexão espiritual, enquanto o lápis-lazúli estimula a visão interior e a verdade pessoal. Para usar os cristais, deite-se e posicione o cristal escolhido diretamente sobre a área do terceiro olho ou segure-o na mão durante a prática de visualização. A energia desses cristais ajuda a intensificar a clareza mental e a promover uma conexão mais profunda com o próprio eu superior e com o universo.

As afirmações são um recurso poderoso para o equilíbrio do Chakra Frontal, ajudando a criar uma mentalidade de confiança e de receptividade à intuição. Durante o ritual, repita afirmações como "Eu confio na minha intuição", "Minha mente está clara e aberta" e "Eu vejo além das ilusões". Essas afirmações devem ser ditas com intenção e presença, permitindo que cada palavra ressoe dentro de si e fortaleça o centro do terceiro olho. As afirmações ajudam a reprogramar a mente para confiar na sabedoria interior, dissolvendo medos e inseguranças que possam estar bloqueando a percepção intuitiva.

O mantra "Om" é essencial para o trabalho com o Chakra Frontal, pois ele ressoa com a energia do Ajna e promove um estado de unidade e paz interior. Sente-se em uma posição confortável, feche os olhos e entoe o som "Om" com suavidade e constância. Ao vocalizar o mantra, sinta a vibração do som reverberando na região do terceiro olho, dissolvendo qualquer bloqueio e promovendo uma sensação de expansão e clareza. Esse mantra é conhecido por seu poder de elevar a mente a um estado de consciência ampliada, criando uma conexão direta com o plano espiritual. Praticar o mantra por alguns minutos intensifica a ativação do Chakra Frontal e promove uma abertura para a intuição e para a sabedoria.

A prática de meditação é fundamental no ritual para o Chakra Frontal, pois ela permite que a mente transcenda os pensamentos superficiais e entre em contato com a sabedoria profunda. A meditação silenciosa, onde se concentra na respiração ou na visualização de uma luz entre as sobrancelhas, ajuda a criar um estado de receptividade e de presença. Com a prática diária, a meditação fortalece o Ajna e permite que a intuição se manifeste de forma clara e confiável, promovendo uma visão mais ampla e elevada da vida e do eu.

O uso de óleos essenciais complementa o ritual, ajudando a criar um ambiente de paz e clareza mental. Óleos como o de olíbano, lavanda e sândalo são ideais para o trabalho com o Chakra Frontal, pois eles promovem a conexão espiritual e a calma interior. O olíbano é conhecido por suas propriedades de elevação espiritual, enquanto a lavanda relaxa e ajuda a acalmar a mente. Aplique uma gota de óleo essencial diluído entre as sobrancelhas ou nas têmporas, ou utilize um difusor para espalhar o aroma durante a prática. Esses óleos criam uma atmosfera que facilita a conexão com a intuição e com o próprio eu superior.

A prática do diário de sonhos é outra ferramenta poderosa para fortalecer o Chakra Frontal. O Ajna é o portal para o mundo dos sonhos, onde a mente subconsciente revela mensagens e insights importantes. Manter um diário de sonhos e anotar as impressões e temas recorrentes ao acordar ajuda a desenvolver a percepção intuitiva e a interpretação simbólica. Esse exercício é uma forma de comunicação com a sabedoria interna e permite um entendimento mais profundo dos processos internos. Registrar e refletir sobre os sonhos fortalece o Ajna, promovendo o autoconhecimento e a conexão com a mente intuitiva.

Para finalizar o ritual, reserve um momento de gratidão. Agradeça por sua própria intuição e pela oportunidade de se conectar com a sabedoria interior. Cultivar a gratidão ao final do ritual ajuda a fortalecer a relação com o Chakra Frontal e a manter um estado de receptividade e de paz. Com o tempo e a prática, o Ajna se torna um guia natural, conduzindo cada decisão e escolha com uma visão ampliada e uma confiança profunda no caminho espiritual.

Este ritual para o Chakra Frontal pode ser repetido sempre que houver a necessidade de clareza mental ou de fortalecimento da intuição. O desenvolvimento contínuo do Ajna promove uma jornada de autoconhecimento e de expansão da consciência, onde a mente e o espírito se alinham em um estado de harmonia e clareza. Trabalhar com o Chakra Frontal é uma jornada de descoberta e de confiança na própria sabedoria, permitindo que a visão interior guie o caminho com segurança e profundidade.

Capítulo 18
Chakra Coronário – Unidade e Iluminação

O Chakra Coronário, também conhecido como Sahasrara, é o sétimo e último dos chakras principais. Localizado no topo da cabeça, o Sahasrara representa o ponto de conexão entre a consciência individual e a consciência universal. Este chakra é simbolizado pela cor violeta ou branca e pela imagem de uma flor de lótus de mil pétalas, que se abre para o infinito, representando a união entre o humano e o divino. O Chakra Coronário é o portal para a iluminação, a sabedoria universal e o entendimento da própria existência como parte de um todo maior. É nele que a energia espiritual se manifesta em sua forma mais pura e onde ocorre o despertar da consciência superior.

No caminho do Sagrado Feminino, o Chakra Coronário é o estágio final de uma jornada de autoconhecimento, amor e cura. Ele simboliza o retorno à fonte e ao divino que reside em tudo. Quando esse chakra está em equilíbrio, sentimos uma profunda paz e uma conexão com o universo, experimentando uma sensação de propósito e plenitude. Não buscamos mais fora de nós as respostas, pois a compreensão e a aceitação da existência vêm de dentro. A partir do Sahasrara, percebemos a unidade entre tudo o que existe, transcendendo as limitações do ego e expandindo a percepção para o campo do espírito.

Por outro lado, quando o Chakra Coronário está bloqueado ou desequilibrado, podem surgir sentimentos de isolamento, desconexão espiritual e vazio existencial. Sem uma conexão forte com o Sahasrara, a pessoa pode sentir-se perdida e desconectada do propósito de sua alma. A energia pode parecer estagnada e desorientada, pois o fluxo entre os chakras inferiores e superiores fica comprometido. Trabalhar com o Chakra Coronário é uma prática que envolve entrega e confiança no processo espiritual, aceitando que o desenvolvimento da consciência é uma jornada contínua e transcendente.

A meditação é a prática mais essencial para ativar e equilibrar o Chakra Coronário, pois ela promove o estado de unidade e conexão com o divino. Sente-se em um local tranquilo e confortável, com a coluna ereta e os olhos fechados. Concentre-se no topo da cabeça e visualize uma luz branca ou violeta que desce do alto, como uma coluna de luz celestial, conectando o Sahasrara ao cosmos. Imagine que essa luz flui suavemente, preenchendo a cabeça e expandindo-se para todo o corpo, como uma fonte de paz e de energia pura. Sinta que essa luz dissolve qualquer barreira ou limitação, permitindo que o Sahasrara se abra para a consciência cósmica. Permanecer nessa visualização por alguns minutos ajuda a alinhar o chakra e a experimentar a sensação de unidade com o universo.

A respiração consciente também é uma prática fundamental para o Chakra Coronário. A respiração ritmada, ou pranayama, acalma a mente e permite que a energia flua livremente pelo corpo e pelos chakras. A técnica de respiração profunda conhecida como respiração do oceano, ou Ujjayi, é ideal para esse propósito. Sente-se confortavelmente e comece a inspirar profundamente pelo nariz, produzindo um som suave e sibilante, como o som das ondas do oceano, enquanto a respiração passa pela garganta. Expire pelo nariz de maneira igual, mantendo o som suave e constante. Essa respiração cria um estado de tranquilidade e harmonia, preparando o corpo e a mente para receber a energia cósmica e abrir-se ao Sahasrara.

As afirmações também são uma técnica poderosa para fortalecer o Chakra Coronário e promover uma conexão com a sabedoria universal. Repetir frases como "Eu sou um com o universo", "Eu sou guiado pela sabedoria divina" e "Estou em paz com o fluxo da vida" ajuda a sintonizar a mente e o espírito com a verdade da unidade. Essas afirmações devem ser recitadas com intenção, permitindo que cada palavra ressoe profundamente e fortaleça o vínculo com o divino. As afirmações criam uma ressonância que expande a percepção e dissolve o apego ao ego, promovendo um estado de paz e de aceitação.

Os cristais também desempenham um papel importante na ativação e no equilíbrio do Chakra Coronário. Cristais como ametista, selenita e quartzo claro são recomendados, pois eles ampliam a conexão com a espiritualidade e promovem a clareza mental. A ametista ajuda a acalmar a mente e a abrir o chakra para a energia espiritual, enquanto a selenita purifica e conecta com o plano superior. Para usar esses cristais, deite-se e posicione-os sobre o topo da cabeça ou segure-os nas mãos enquanto realiza a prática de visualização. A energia desses cristais ajuda a expandir a consciência e a alinhar o Sahasrara com a vibração do universo, promovendo uma sensação de paz e de iluminação.

A prática do mantra "Om" é altamente eficaz para o Chakra Coronário, pois o som "Om" representa a vibração primordial do universo. Sente-se confortavelmente, feche os olhos e comece a entoar o mantra "Om" com um ritmo suave e constante. Sinta que a vibração do som percorre a cabeça e o corpo, conectando-o ao campo de energia cósmica. Permitir que o mantra reverbere no Sahasrara promove a abertura do chakra e a experiência de unidade com o divino. Entoar o "Om" por alguns minutos fortalece a conexão com o universo, dissolvendo as barreiras da mente e permitindo que o espírito se expanda em harmonia com o todo.

O uso de óleos essenciais é uma prática complementar que intensifica o ritual. Óleos como o de olíbano, sândalo e lavanda são altamente recomendados para o Chakra Coronário. O olíbano é conhecido por suas propriedades de elevação espiritual e clareza mental, o sândalo promove a calma e a conexão com o sagrado, e a lavanda ajuda a relaxar e a abrir o campo energético. Coloque uma gota de óleo essencial diluído no topo da cabeça ou nas têmporas, ou use um difusor para espalhar o aroma pelo ambiente. Esses óleos criam uma atmosfera de paz e de espiritualidade, promovendo um estado de abertura para o divino e facilitando a conexão com o Sahasrara.

Para aqueles que desejam aprofundar-se na prática, a contemplação é uma técnica valiosa para fortalecer o Chakra Coronário. Contemplar a natureza, o céu estrelado ou mesmo uma vela acesa pode ajudar a despertar o sentimento de unidade e de paz. A contemplação é um momento de pausa onde a mente se aquieta e o espírito se conecta com a beleza e a simplicidade da existência. Essa prática ajuda a expandir o Sahasrara, promovendo a experiência de que somos parte de algo muito maior, e que há uma sabedoria divina guiando o curso da vida.

Após o ritual, reserve um momento de silêncio e gratidão. Agradeça ao universo pela experiência e pela conexão com o divino, reconhecendo que essa sabedoria e essa paz estão sempre acessíveis. A prática de gratidão ao final do ritual fortalece o vínculo com o Chakra Coronário e ajuda a manter uma conexão constante com a espiritualidade. Com o tempo, esse estado de paz e de unidade se torna parte da vida cotidiana, promovendo uma compreensão profunda do eu e do universo.

Esse ritual para o Chakra Coronário pode ser repetido sempre que houver necessidade de encontrar paz, clareza ou de aprofundar a conexão espiritual. Com a prática contínua, o Sahasrara se torna um portal ativo para a consciência universal, onde cada pensamento e ação são guiados por uma sabedoria maior. Trabalhar com o Chakra Coronário é uma jornada de iluminação e de expansão, onde o espírito alcança um estado de harmonia e unidade com o todo, promovendo uma vida plena de paz e de sabedoria divina.

Capítulo 19
Ritual para o Chakra Coronário

O ritual para o Chakra Coronário, ou Sahasrara, é uma prática sagrada e transformadora que busca abrir o caminho para a iluminação, a conexão divina e a expansão da consciência. Situado no topo da cabeça, o Sahasrara é o centro energético que nos liga ao universo e ao espírito, promovendo a experiência da unidade e a compreensão de que somos parte de um todo maior. Trabalhar com esse chakra é um processo de entrega e de busca por uma conexão profunda com o eu interior e com a sabedoria universal, um alinhamento que transcende a individualidade e leva à compreensão da essência divina.

Para preparar o ambiente para o ritual do Chakra Coronário, escolha um local tranquilo e sagrado, onde se sinta em paz. É importante criar um espaço livre de distrações e que permita um mergulho profundo em si mesmo. Decore o ambiente com elementos nas cores branca ou violeta, associadas ao Sahasrara, como velas, flores ou cristais. Esses elementos ajudam a elevar a energia do ambiente, criando uma atmosfera de pureza e espiritualidade. O uso de um difusor com óleos essenciais de olíbano, sândalo ou lavanda ajuda a promover um estado de paz e abertura, facilitando a conexão com o divino. Esses aromas criam uma base sensorial que acalma a mente e predispõe o corpo e o espírito para a prática espiritual.

Para iniciar o ritual, sente-se confortavelmente, com a coluna ereta e o corpo relaxado. Feche os olhos e respire profundamente, permitindo que cada respiração traga calma e presença. Concentre-se no topo da cabeça, visualizando um ponto de luz brilhante, branca ou violeta, que começa a se expandir, como uma flor de lótus abrindo suas pétalas. Imagine que essa luz cresce com cada respiração, envolvendo a cabeça e, gradualmente, o corpo todo, criando uma coluna de luz que se estende para o alto, conectando-o ao universo. Sinta que essa luz é uma manifestação da sabedoria divina, uma ponte entre o humano e o cósmico, trazendo paz e unidade ao seu ser. Permaneça nessa visualização por alguns minutos, permitindo que a mente se expanda e que a conexão com o espírito se fortaleça.

A prática de respiração consciente é uma parte essencial deste ritual. A respiração profunda e lenta ajuda a silenciar a mente e a criar um estado de receptividade e de entrega. Uma técnica eficaz para o Chakra Coronário é a respiração alternada, que equilibra os hemisférios cerebrais e promove a clareza mental. Sente-se com os olhos fechados e inspire profundamente, mantendo o foco no fluxo de ar. Alterne a respiração fechando uma narina enquanto inspira pela outra, depois troque ao expirar, criando um ciclo rítmico. Essa prática promove a harmonia e a paz, condições essenciais para a abertura do Sahasrara. A respiração alternada ajuda a alinhar o sistema energético, facilitando o acesso ao estado de união e de compreensão cósmica.

As afirmações são uma ferramenta poderosa para reforçar a conexão espiritual e alinhar a mente com o propósito do Sahasrara. Durante o ritual, repita mentalmente ou em voz alta frases como "Eu sou um com o universo", "Eu estou em paz com o fluxo da vida" e "Eu recebo a sabedoria divina". Essas afirmações atuam como sementes que plantamos no campo energético, criando uma ressonância de paz e de aceitação. Ao afirmar sua unidade com o universo, você dissolve as barreiras do ego e permite que a mente se expanda. Essas palavras ajudam a cultivar uma percepção da própria espiritualidade e a alinhar a mente com a essência divina que flui através do Sahasrara.

Os cristais desempenham um papel especial no ritual para o Chakra Coronário, amplificando a conexão com o universo e promovendo a clareza espiritual. Cristais como a ametista, a selenita e o quartzo claro são conhecidos por suas propriedades de purificação e de elevação espiritual. A ametista, com sua cor violeta, é especialmente benéfica para o Sahasrara, pois promove a calma e o contato com o plano espiritual. A selenita e o quartzo claro também são cristais poderosos, que ajudam a abrir o chakra e a alinhar a energia com o campo divino. Para usar esses cristais, deite-se e coloque o cristal escolhido no topo da cabeça ou segure-o nas mãos durante a visualização. Sinta a energia do cristal se fundindo com a luz do Sahasrara, intensificando a conexão com o plano superior.

A prática do mantra "Om" é fundamental para o ritual do Chakra Coronário, pois o som "Om" simboliza a vibração primordial do universo. Entoar esse mantra cria uma ressonância que harmoniza o Sahasrara e promove um estado de unidade e de paz interior. Sente-se confortavelmente, feche os olhos e entoe o mantra "Om" com suavidade e intenção. Visualize que o som ressoa no topo da cabeça e que sua vibração se expande, envolvendo o corpo e se conectando ao universo. Permita que o "Om" reverbere, dissolvendo qualquer barreira entre você e a consciência cósmica. Entoar esse mantra por alguns minutos ajuda a criar uma conexão profunda com o divino, permitindo que o Chakra Coronário se expanda em uma energia de paz e iluminação.

O uso de óleos essenciais é uma prática complementar que ajuda a promover um estado de serenidade e de elevação espiritual. Óleos como o de olíbano, sândalo e lavanda são conhecidos por suas propriedades de conexão e de calma, sendo ideais para o trabalho com o Sahasrara. O olíbano é amplamente usado em práticas espirituais por suas qualidades de purificação e de elevação. O sândalo promove a introspecção e a paz, enquanto a lavanda relaxa e traz serenidade. Aplique uma gota de óleo essencial diluído no topo da cabeça ou inale o aroma durante o ritual. Esse ato simples intensifica a experiência sensorial e promove uma abertura para a consciência superior.

A meditação contemplativa é uma prática central para o trabalho com o Chakra Coronário, pois ela permite que a mente transcenda os pensamentos limitantes e alcance um estado de unidade. Sente-se em silêncio, concentrando-se na luz no topo da cabeça ou apenas observando a própria respiração. Deixe que a mente se aquiete e permita-se mergulhar em um estado de serenidade e de paz, onde o ego se dissolve e resta apenas a essência do ser. Essa prática de contemplação permite que o Sahasrara se alinhe com a consciência divina, promovendo uma sensação de expansão e de entendimento profundo do eu e do universo.

Ao final do ritual, reserve um momento para expressar gratidão e para reconhecer o caminho percorrido. Agradeça pela conexão com o universo, pela sabedoria recebida e pela paz interior alcançada. A prática de gratidão fortalece o vínculo com o Sahasrara e ajuda a manter o estado de unidade e de harmonia em seu cotidiano. Incorporar a gratidão como parte final do ritual promove uma atitude de aceitação e de reconhecimento da própria jornada espiritual, tornando a prática ainda mais profunda e significativa.

Esse ritual para o Chakra Coronário pode ser repetido sempre que houver a necessidade de renovar a conexão com o divino, de buscar orientação ou de alcançar um estado de paz interior. Com o tempo, o Sahasrara se torna um canal ativo de sabedoria e de luz, promovendo uma vida guiada pela serenidade e pela compreensão. Trabalhar com o Chakra Coronário é, em última análise, um processo de autotranscendência, onde se descobre que o verdadeiro caminho espiritual não é uma busca externa, mas uma jornada interna de união com o todo.

Capítulo 20
Alinhamento Completo dos Chakras

O alinhamento completo dos chakras é um processo sagrado de harmonização e equilíbrio das energias fundamentais que permeiam o corpo, a mente e o espírito. Cada chakra funciona como um ponto de encontro entre as energias internas e o mundo exterior, refletindo nossas emoções, pensamentos e estados de consciência. Quando os chakras estão alinhados e em harmonia, a energia flui livremente por todo o sistema, promovendo uma sensação de plenitude, saúde e clareza espiritual. Este capítulo explora o processo de alinhamento completo dos chakras, utilizando técnicas integradas que envolvem meditação, visualização, respiração consciente e o uso de elementos naturais.

O alinhamento dos chakras é essencial para quem busca equilíbrio interior e bem-estar, pois ele permite que cada centro de energia se expresse em sua essência e atue de forma interligada com os demais. Quando os chakras estão alinhados, não apenas o corpo físico experimenta uma sensação de vitalidade, mas também a mente se torna mais clara e receptiva, e o espírito se expande em direção ao crescimento e à iluminação. Por outro lado, quando existe um desalinhamento entre os chakras, a energia vital fica bloqueada ou fragmentada, podendo resultar em problemas emocionais, físicos ou espirituais. O alinhamento completo dos chakras é, portanto, uma prática integrativa e essencial para quem deseja viver em harmonia com o eu interior e com o universo.

Para iniciar o alinhamento dos chakras, escolha um local tranquilo e confortável, onde possa praticar sem interrupções. É ideal criar um ambiente sagrado, decorado com elementos que representem os chakras, como velas de cores correspondentes, cristais e objetos que transmitam calma e equilíbrio. Esses itens ajudam a intensificar a energia do ambiente, preparando o campo para a prática de alinhamento. Também é recomendável o uso de um difusor com óleos essenciais, como lavanda, olíbano e sândalo, que promovem um estado de paz e abertura espiritual.

A prática começa com a respiração consciente, que tem o poder de acalmar a mente e de conectar o corpo com a energia vital. Sente-se confortavelmente com a coluna ereta e feche os olhos. Inspire profunda e lentamente pelo nariz, sentindo que a energia preenche todo o corpo, e depois expire, liberando qualquer tensão. Concentre-se na respiração e permita que ela flua naturalmente, sem esforço, sentindo cada inspiração como uma corrente de energia que percorre todos os chakras. Essa respiração inicial ajuda a centrar o corpo e a mente, criando uma base estável para o processo de alinhamento.

O próximo passo é a visualização guiada, uma prática que ajuda a ativar e alinhar cada um dos chakras, promovendo um fluxo de energia contínuo. Comece concentrando-se no Chakra Raiz, localizado na base da coluna. Visualize uma luz vermelha brilhante que pulsa e se expande nessa área, simbolizando segurança e estabilidade. Sinta que essa luz se fortalece com cada respiração, conectando-o à Terra. Suba, então, para o Chakra Sacral, visualizando uma luz laranja que representa a criatividade e o prazer. Concentre-se em sentir a energia fluir livremente, dissolvendo qualquer bloqueio.

Em seguida, mova-se para o Chakra do Plexo Solar, imaginando uma luz amarela radiante que simboliza o poder pessoal e a autoconfiança. Sinta que essa energia ilumina todo o abdômen, fortalecendo sua força interna. A partir daí, dirija sua atenção para o Chakra Cardíaco, visualizando uma luz verde que representa amor e compaixão. Permita que essa luz preencha o peito e expanda-se em direção aos outros chakras, promovendo harmonia e aceitação. No Chakra Laríngeo, visualize uma luz azul que simboliza a comunicação e a expressão da verdade. Sinta que essa luz traz clareza à sua voz interior, permitindo a expressão autêntica.

Continue a visualização no Chakra Frontal, imaginando uma luz índigo entre as sobrancelhas, que representa a intuição e a sabedoria interior. Permita que essa luz traga clareza e visão profunda, conectando-o com sua percepção intuitiva. Finalmente, concentre-se no Chakra Coronário, localizado no topo da cabeça, e visualize uma luz branca ou violeta que se abre como uma flor de lótus, conectando-o ao universo. Sinta que essa luz ilumina todo o corpo e cria uma ponte com o divino, promovendo paz e unidade. Essa prática de visualização para cada chakra ajuda a harmonizar e alinhar todo o sistema energético, criando uma corrente contínua de energia vital.

A respiração ritmada, ou pranayama, é uma técnica poderosa que auxilia no alinhamento dos chakras ao equilibrar as energias yin e yang do corpo. Uma técnica recomendada é a respiração alternada, ou Nadi Shodhana, que purifica os canais de energia e promove a harmonia entre os chakras. Para praticá-la, feche a narina direita com o polegar e inspire pela narina esquerda; depois, feche a narina esquerda com o anelar e expire pela direita. Repita esse processo alternando as narinas por alguns minutos, sentindo que cada respiração promove o equilíbrio entre os chakras e a mente. Essa técnica cria um fluxo harmonioso de energia, ajudando a sincronizar os centros energéticos.

O uso de cristais durante o alinhamento dos chakras é outra prática essencial para intensificar o processo. Cada chakra possui cristais específicos que ressoam com sua energia e ajudam a equilibrá-lo. Por exemplo, a hematita é indicada para o Chakra Raiz, a cornalina para o Chakra Sacral, o citrino para o Plexo Solar, o quartzo rosa para o Chakra Cardíaco, a sodalita para o Chakra Laríngeo, a ametista para o Chakra Frontal e a selenita para o Chakra Coronário. Coloque cada cristal sobre o respectivo chakra enquanto pratica a visualização, ou segure-os nas mãos durante a meditação. Esses cristais ampliam a energia de cada chakra, promovendo um estado de alinhamento e de paz interior.

As afirmações são uma prática eficaz para harmonizar e fortalecer cada chakra durante o alinhamento. Repetir afirmações específicas para cada centro energético ajuda a reprogramar a mente para um estado de equilíbrio e de confiança. Por exemplo, para o Chakra Raiz, repita "Eu estou seguro e ancorado"; para o Chakra Sacral, "Eu sou criativo e em paz com meu corpo"; para o Plexo Solar, "Eu sou forte e confiante". Para o Chakra Cardíaco, use "Eu sou digno de amor e compaixão"; para o Chakra Laríngeo, "Eu expresso minha verdade com clareza"; para o Chakra Frontal, "Eu confio na minha intuição"; e para o Chakra Coronário, "Eu sou parte do todo e conectado ao universo". Essas afirmações ajudam a criar uma ressonância positiva, promovendo a harmonia em cada chakra.

A entoação de mantras é uma prática fundamental para o alinhamento dos chakras, pois ela promove a vibração interna e o equilíbrio entre os centros energéticos. Cada chakra possui um som sagrado que pode ser entoado para ativá-lo: "Lam" para o Chakra Raiz, "Vam" para o Chakra Sacral, "Ram" para o Plexo Solar, "Yam" para o Cardíaco, "Ham" para o Laríngeo, "Om" para o Frontal e o silêncio ou "Aum" para o Coronário. Entoe cada mantra enquanto se concentra em cada chakra, sentindo a vibração ressoar e harmonizar o centro de energia. Essa prática é altamente poderosa, pois ela cria uma sincronia entre os chakras e promove uma sensação de alinhamento e de paz.

Ao final do ritual de alinhamento dos chakras, reserve um momento para a gratidão e para a integração da prática. Agradeça a si mesmo pelo tempo dedicado ao autoconhecimento e pela experiência de equilíbrio e de paz. Sentir gratidão ao final da prática é uma forma de consolidar o alinhamento, permitindo que cada chakra se mantenha em harmonia e que a energia flua livremente. Com o tempo, o alinhamento dos chakras se torna uma prática de renovação e de autotransformação, criando uma base sólida para o crescimento espiritual e para a busca da harmonia com o universo.

O alinhamento completo dos chakras pode ser repetido regularmente, especialmente em momentos em que houver a necessidade de revitalizar o sistema energético e de reconectar-se com o próprio centro. Essa prática cria uma base de equilíbrio e de serenidade, promovendo uma vida de paz e de integração. Trabalhar com o alinhamento dos chakras é um passo essencial na jornada de autoconhecimento, onde o corpo, a mente e o espírito se unem em uma dança harmoniosa de energia e de luz.

Capítulo 21
Meditação de Alinhamento

A Meditação de Alinhamento é uma prática profunda e poderosa, projetada para harmonizar o fluxo de energia entre todos os chakras e promover uma sensação de paz, equilíbrio e unidade entre corpo, mente e espírito. Ao conduzir a energia através dos chakras, a meditação ajuda a liberar bloqueios, a revitalizar o sistema energético e a fortalecer a conexão com o próprio centro interior. Este capítulo descreve uma prática completa de meditação de alinhamento, guiando a energia em cada um dos sete chakras principais e promovendo uma sensação de harmonia que se expande para todos os aspectos da vida.

Para preparar a meditação de alinhamento, é importante criar um espaço que permita a tranquilidade e a imersão no processo. Escolha um local silencioso, onde não haja interrupções, e ajuste o ambiente para torná-lo acolhedor e sagrado. Elementos como velas, cristais e incenso são bem-vindos, pois contribuem para a criação de um espaço propício para a prática. A cor e a vibração da luz no ambiente também podem influenciar a experiência, então opte por uma iluminação suave e agradável.

Sente-se confortavelmente com a coluna ereta e feche os olhos. Comece focando na respiração, inspirando e expirando profundamente, sentindo que cada respiração o ancora no momento presente. Concentre-se no corpo, percebendo qualquer tensão ou desconforto, e vá relaxando cada músculo, permitindo que a respiração se torne suave e ritmada. Esta respiração consciente inicial ajuda a acalmar a mente e a preparar o campo energético para a meditação.

A meditação de alinhamento começa no Chakra Raiz, o centro da segurança e estabilidade. Direcione a atenção para a base da coluna e visualize uma luz vermelha brilhante que pulsa com força e vitalidade. Sinta que essa luz o conecta profundamente com a Terra, criando uma sensação de segurança e ancoramento. Inspire e sinta que essa energia vermelha se fortalece, expandindo-se e proporcionando uma base sólida para todo o sistema energético.

Em seguida, mova sua atenção para o Chakra Sacral, localizado abaixo do umbigo. Visualize uma luz laranja vibrante, que representa a criatividade e o prazer. Sinta essa luz expandindo-se, dissolvendo bloqueios emocionais e promovendo uma sensação de alegria e liberdade. Permita que a respiração energize esse chakra, abrindo-o para a expressão das emoções de forma saudável e equilibrada.

Agora, suba para o Chakra do Plexo Solar, no centro do abdômen, e visualize uma luz amarela radiante. Esse chakra é o centro do poder pessoal e da autoconfiança. Sinta que essa luz amarela ilumina o abdômen, fortalecendo sua autoestima e sua capacidade de manifestar intenções. Respire profundamente, permitindo que essa energia fortaleça sua identidade e seu senso de propósito.

No centro do peito, foque no Chakra Cardíaco, representado por uma luz verde suave e radiante. O Chakra Cardíaco é o centro do amor e da compaixão. Sinta que essa luz verde preenche o peito, expandindo-se com cada respiração. Permita que essa energia o conecte com sentimentos de amor incondicional, tanto por si mesmo quanto pelos outros. Visualize que essa luz verde se expande para o exterior, criando um campo de paz e harmonia ao seu redor.

A próxima etapa é o Chakra Laríngeo, localizado na garganta, onde a luz azul representa a verdade e a comunicação. Concentre-se na área da garganta e visualize uma luz azul, clara e brilhante, que simboliza a expressão autêntica. Permita que essa luz traga clareza para a voz interior, ajudando-o a comunicar-se de forma verdadeira e compassiva. Respire profundamente e sinta que essa energia fortalece sua capacidade de ouvir e de se expressar com confiança.

Em seguida, dirija sua atenção para o Chakra Frontal, o Terceiro Olho, localizado entre as sobrancelhas. Visualize uma luz índigo que representa a intuição e a sabedoria interior. Sinta que essa luz expande sua percepção e o conecta com sua visão espiritual. Respire e permita que essa energia abra sua mente para o conhecimento intuitivo, promovendo uma compreensão profunda da própria essência e do mundo ao seu redor.

Finalmente, concentre-se no Chakra Coronário, no topo da cabeça, e visualize uma luz branca ou violeta, que simboliza a conexão com o divino e com a sabedoria universal. Imagine que essa luz se expande para o alto, conectando-o ao cosmos e promovendo uma sensação de unidade e de paz. Respire profundamente, permitindo que essa energia envolva todo o corpo e crie uma ponte entre o seu ser e o universo.

Após a ativação de cada chakra, visualize que todos os centros energéticos estão alinhados, formando uma coluna de luz que percorre toda a extensão da coluna, da base ao topo da cabeça. Sinta que essa coluna de luz é uma corrente de energia vital que flui livremente, harmonizando cada chakra e unindo-os em um sistema integrado e coeso. Permaneça nesse estado de visualização por alguns minutos, sentindo a energia circulando e fortalecendo cada aspecto do seu ser.

A prática de respiração consciente, conhecida como respiração completa, também pode ser integrada a esta meditação para ajudar a manter o alinhamento e o fluxo de energia. Inspire profundamente, preenchendo o abdômen, o peito e os ombros, e depois expire, liberando o ar suavemente. Essa respiração completa promove uma oxigenação equilibrada e facilita o fluxo de energia entre os chakras. Com cada respiração, imagine que a coluna de luz se fortalece e se expande, irradiando paz e vitalidade.

Para finalizar a meditação de alinhamento, retorne a atenção à respiração e permita-se sentir gratidão pela experiência e pelo equilíbrio conquistado. Agradeça a si mesmo pelo tempo dedicado ao autoconhecimento e ao cuidado com a energia pessoal. Sinta que cada chakra está em paz, conectado e alinhado com o todo. Com o tempo e a prática contínua dessa meditação, o alinhamento dos chakras se tornará uma experiência natural, promovendo um estado de harmonia constante em sua vida.

A meditação de alinhamento pode ser repetida sempre que houver necessidade de restaurar o equilíbrio e de renovar a energia. Ela é especialmente útil em momentos de transição, desafios emocionais ou quando a mente se encontra sobrecarregada. Esse alinhamento dos chakras não só traz paz e estabilidade para o presente, mas também fortalece o campo energético, preparando-o para enfrentar as experiências da vida com clareza e serenidade.

Ao incorporar essa prática ao cotidiano, você começa a perceber como o alinhamento dos chakras influencia diretamente o bem-estar físico, emocional e espiritual. A prática contínua ajuda a manter os chakras em harmonia e cria uma base sólida de saúde e de paz interior. A meditação de alinhamento é, assim, uma ferramenta essencial para quem busca uma vida equilibrada e alinhada com as energias universais, promovendo uma jornada de crescimento e autodescoberta em constante renovação.

Capítulo 22
Uso de Cristais para o Equilíbrio

Os cristais, presentes na Terra há milhões de anos, guardam em si uma energia única e sutil que pode ser utilizada para harmonizar e equilibrar os chakras. Cada cristal possui uma vibração específica e é capaz de interagir com nossos centros energéticos, promovendo a cura, o alinhamento e o fortalecimento do campo áurico. Este capítulo explora o uso de cristais como ferramentas de apoio para o equilíbrio dos chakras, detalhando o efeito e a forma de aplicação dos cristais em cada um dos sete centros energéticos principais.

O uso de cristais para o equilíbrio energético é uma prática antiga, presente em diferentes culturas e tradições espirituais. Eles são considerados presentes da natureza, formados pela interação de elementos minerais sob condições específicas de pressão e temperatura. Essa formação natural confere a cada cristal uma ressonância própria, e essa energia única é utilizada para realinhar a nossa própria frequência, restabelecendo o equilíbrio e promovendo a cura. Cada cristal tem um campo vibracional que ressoa com um chakra específico, o que torna possível canalizar a energia adequada para cada centro energético.

Para iniciar a prática com cristais, é essencial escolher um ambiente tranquilo e adequado, onde você possa concentrar-se sem interrupções. Prepare o local com uma atmosfera acolhedora, que inspire calma e conexão com a natureza. Utilize elementos como velas, plantas ou uma pequena fonte de água, que ajudam a intensificar a experiência de harmonia. Escolha os cristais correspondentes para cada chakra, posicionando-os em uma superfície próxima ou diretamente sobre o corpo, para promover a interação entre a energia dos cristais e dos chakras. Cada cristal deve ser devidamente limpo e energizado antes do uso, para garantir que ele esteja em sua vibração pura e pronto para atuar na harmonização do campo energético.

Para o Chakra Raiz, associado à cor vermelha e localizado na base da coluna, cristais como a hematita, a granada e o jaspe vermelho são recomendados. A hematita é conhecida por sua capacidade de aterramento, promovendo segurança e conexão com a Terra. A granada intensifica a vitalidade e a energia física, enquanto o jaspe vermelho proporciona força e estabilidade emocional. Para trabalhar com o Chakra Raiz, deite-se e posicione um desses cristais sobre a região pélvica, ou segure-o nas mãos enquanto medita, visualizando uma luz vermelha que conecta seu corpo à Terra, promovendo a estabilidade e o equilíbrio.

No Chakra Sacral, situado abaixo do umbigo e representado pela cor laranja, cristais como a cornalina e a calcita laranja são altamente eficazes. A cornalina é um cristal que estimula a criatividade e a vitalidade, ajudando na expressão das emoções e na realização pessoal. A calcita laranja, por sua vez, promove a flexibilidade emocional e a expansão da energia criativa. Para equilibrar o Chakra Sacral, deite-se e posicione o cristal escolhido sobre o abdômen inferior, ou segure-o enquanto visualiza uma luz laranja que envolve a área, despertando a energia de alegria e de criação.

Para o Chakra do Plexo Solar, localizado no centro do abdômen e representado pela cor amarela, os cristais de citrino e olho de tigre são indicados. O citrino é conhecido como o cristal da abundância e do poder pessoal, promovendo a confiança e a manifestação. O olho de tigre, com sua energia protetora, fortalece a força de vontade e auxilia na tomada de decisões. Posicione o citrino ou o olho de tigre sobre o plexo solar, ou segure o cristal durante a meditação, visualizando uma luz amarela radiante que expande seu poder pessoal e ilumina a sua autoestima.

O Chakra Cardíaco, localizado no centro do peito e associado à cor verde ou rosa, pode ser equilibrado com cristais como o quartzo rosa, a aventurina verde e a malaquita. O quartzo rosa é o cristal do amor incondicional, promovendo a cura emocional e a autocompaixão. A aventurina verde é calmante e equilibradora, favorecendo o bem-estar emocional e a harmonia. Já a malaquita atua nas emoções reprimidas, ajudando a liberar traumas e bloqueios. Para trabalhar o Chakra Cardíaco, posicione um desses cristais sobre o peito e visualize uma luz verde ou rosa que envolve o coração, promovendo uma sensação de paz, amor e compaixão.

Para o Chakra Laríngeo, situado na região da garganta e representado pela cor azul, cristais como a sodalita, a água-marinha e a turquesa são recomendados. A sodalita ajuda na expressão verdadeira e na clareza de pensamento, promovendo a comunicação autêntica. A água-marinha possui uma energia suave que auxilia na expressão emocional, enquanto a turquesa proporciona coragem e autoconfiança. Posicione o cristal sobre a garganta ou use-o em um colar durante a meditação, visualizando uma luz azul que limpa e fortalece o Chakra Laríngeo, promovendo a comunicação verdadeira e a expressão clara.

Para o Chakra Frontal, ou Terceiro Olho, localizado entre as sobrancelhas e associado à cor índigo, cristais como a ametista, o lápis-lazúli e a fluorita são indicados. A ametista é conhecida por suas propriedades de elevação espiritual e calmante, facilitando a conexão com o eu superior. O lápis-lazúli promove a visão interna e a verdade, enquanto a fluorita estimula a clareza mental e a intuição. Coloque o cristal sobre a testa ou segure-o na mão enquanto medita, visualizando uma luz índigo que expande sua intuição e promove uma conexão mais profunda com sua sabedoria interna.

No Chakra Coronário, situado no topo da cabeça e associado à cor violeta ou branca, cristais como a selenita, o quartzo claro e a ametista são ideais. A selenita é conhecida por sua energia pura e elevada, ajudando a conectar o espírito ao plano divino. O quartzo claro é um amplificador de energia, promovendo clareza e abertura para o conhecimento universal. A ametista, já mencionada no Chakra Frontal, também atua no Sahasrara, facilitando o contato com o espiritual. Para trabalhar o Chakra Coronário, deite-se e posicione um desses cristais sobre o topo da cabeça, ou segure-o enquanto visualiza uma luz branca ou violeta que expande sua conexão com o universo, trazendo paz e iluminação.

Além de posicionar os cristais sobre os chakras, é possível utilizá-los durante práticas de meditação, deixando-os ao seu redor ou segurando-os nas mãos. Para intensificar o efeito dos cristais, utilize uma visualização correspondente à cor e à energia de cada chakra. Enquanto respira profundamente, visualize que a energia dos cristais se funde com seu campo energético, harmonizando cada chakra e promovendo o alinhamento.

A prática de limpeza dos cristais é essencial para manter sua eficácia e vibração. Após cada uso, limpe os cristais com água corrente, sal grosso, luz solar ou lunar, dependendo das necessidades de cada tipo de cristal. Essa prática ajuda a eliminar qualquer energia acumulada e permite que os cristais se mantenham em sua frequência natural, prontos para serem usados novamente no processo de equilíbrio dos chakras.

Incorporar os cristais no dia a dia também é uma forma de manter o campo energético equilibrado e de criar um ambiente harmonioso. Cristais pequenos podem ser carregados no bolso ou utilizados como acessórios, enquanto cristais maiores podem ser dispostos em espaços de meditação ou em ambientes de convivência, onde sua presença promove uma energia de paz e de bem-estar. Essa prática não apenas favorece o equilíbrio dos chakras, mas também cria uma conexão constante com a natureza e com a própria essência.

O uso de cristais para o equilíbrio dos chakras é uma jornada de autoconhecimento e de cura. Ao se conectar com a energia dos cristais, você permite que o campo energético seja fortalecido e que cada chakra ressoe em sua frequência ideal. Com a prática contínua e o cuidado com os cristais, é possível manter os chakras em harmonia e viver em equilíbrio com as energias universais, promovendo uma vida de paz, saúde e crescimento espiritual.

Capítulo 23
Aromaterapia e Chakras

A aromaterapia, a arte e ciência do uso de óleos essenciais para promover bem-estar físico e espiritual, oferece uma abordagem poderosa para o equilíbrio dos chakras. Cada óleo essencial carrega propriedades únicas e uma frequência vibracional que ressoa com os centros energéticos do corpo, auxiliando no desbloqueio, na ativação e na harmonização dos chakras. Este capítulo explora os principais óleos essenciais associados a cada chakra e como aplicá-los de forma eficaz para restaurar a harmonia e promover a elevação espiritual.

Os óleos essenciais são extraídos de plantas, flores, árvores, raízes e ervas que possuem propriedades curativas e aromáticas. Eles contêm compostos ativos que, quando inalados ou aplicados na pele, influenciam o sistema nervoso, o campo emocional e o campo energético. A aplicação da aromaterapia no equilíbrio dos chakras é uma prática antiga, usada em diversas culturas para alinhar o corpo, a mente e o espírito. Ao se conectar com o poder dos aromas, entramos em ressonância com a sabedoria natural da Terra, promovendo uma cura profunda e um estado de paz interior.

Para começar, é essencial escolher óleos essenciais de alta qualidade e 100% puros, pois os óleos sintéticos não possuem as mesmas propriedades vibracionais e terapêuticas. O ambiente em que os óleos serão utilizados também desempenha um papel importante. É recomendável criar um espaço tranquilo e sem distrações, onde se possa relaxar e mergulhar na prática de equilíbrio dos chakras. Velas, cristais e uma iluminação suave ajudam a intensificar o estado meditativo e a facilitar a conexão com o próprio campo energético.

No Chakra Raiz, localizado na base da coluna e representado pela cor vermelha, os óleos essenciais de vetiver, cedro e patchouli são altamente recomendados. O vetiver é conhecido como o "óleo da tranquilidade" e auxilia na conexão com a Terra, promovendo estabilidade e segurança. O cedro é reconfortante e protetor, enquanto o patchouli ajuda a equilibrar as energias e a promover o aterramento. Para usar esses óleos, aplique uma gota diluída na base da coluna ou nos pés, ou adicione algumas gotas em um difusor, permitindo que o aroma preencha o ambiente e promova um estado de paz e ancoragem.

No Chakra Sacral, situado abaixo do umbigo e associado à cor laranja, os óleos essenciais de ylang-ylang, laranja doce e sândalo são ideais. O ylang-ylang é um óleo floral que promove a abertura emocional e a conexão com a alegria e o prazer. A laranja doce traz uma energia de alegria e leveza, enquanto o sândalo conecta a sensualidade à espiritualidade. Para equilibrar o Chakra Sacral, aplique uma gota diluída desses óleos na região abaixo do umbigo, ou utilize um difusor durante a prática de meditação. Esses aromas ajudam a liberar tensões emocionais e a cultivar uma sensação de prazer e de harmonia com o próprio corpo.

Para o Chakra do Plexo Solar, localizado no abdômen e representado pela cor amarela, os óleos essenciais de limão, gengibre e alecrim são recomendados. O limão é revigorante e promove clareza mental, o gengibre aquece e estimula a força de vontade, enquanto o alecrim é conhecido por suas propriedades de proteção e fortalecimento do poder pessoal. Aplique uma gota diluída de um desses óleos na região do plexo solar ou inale profundamente, sentindo que a energia do óleo desperta a autoconfiança e a determinação. Esses óleos são especialmente úteis para momentos em que é preciso clareza e fortalecimento da identidade e do propósito.

No Chakra Cardíaco, localizado no centro do peito e associado às cores verde e rosa, os óleos essenciais de rosa, lavanda e gerânio são ideais para o equilíbrio e a cura. O óleo de rosa, conhecido como o "óleo do amor incondicional", promove a paz interior e a compaixão. A lavanda acalma e harmoniza as emoções, enquanto o gerânio equilibra as emoções e promove uma sensação de amor-próprio. Aplique uma gota diluída de um desses óleos na região do coração, ou inale profundamente, visualizando uma luz verde ou rosa que se expande a partir do peito e envolve todo o corpo. Esses aromas facilitam a abertura do coração e ajudam a dissolver mágoas e ressentimentos, promovendo uma profunda cura emocional.

Para o Chakra Laríngeo, situado na região da garganta e associado à cor azul, os óleos essenciais de hortelã-pimenta, eucalipto e camomila azul são indicados. A hortelã-pimenta ajuda a clarear a mente e a promover a expressão verdadeira, o eucalipto é purificador e estimula a comunicação clara, enquanto a camomila azul tem propriedades calmantes que ajudam na liberação do medo de se expressar. Aplique uma gota diluída desses óleos na garganta ou utilize um difusor para promover uma sensação de clareza e liberdade de expressão. Esses óleos são ideais para momentos em que a comunicação e a expressão da verdade são desafiadoras.

No Chakra Frontal, ou Terceiro Olho, localizado entre as sobrancelhas e representado pela cor índigo, os óleos essenciais de olíbano, sálvia-esclareia e manjerona são benéficos. O olíbano é conhecido por sua capacidade de facilitar a meditação e a conexão espiritual, a sálvia-esclareia estimula a intuição, enquanto a manjerona ajuda a liberar pensamentos rígidos e a promover uma mente aberta. Para equilibrar o Chakra Frontal, aplique uma gota diluída desses óleos na área entre as sobrancelhas, ou inale profundamente, visualizando uma luz índigo que amplia a visão espiritual. Esses óleos são especialmente eficazes para a abertura da intuição e da percepção sutil.

Para o Chakra Coronário, localizado no topo da cabeça e associado às cores violeta e branca, os óleos essenciais de sândalo, lavanda e lótus são os mais indicados. O sândalo eleva a espiritualidade e promove um estado de serenidade, a lavanda é relaxante e auxilia na conexão com o divino, enquanto o lótus é conhecido como o óleo da iluminação, facilitando a conexão com a sabedoria universal. Aplique uma gota diluída de um desses óleos no topo da cabeça, ou use um difusor para preencher o ambiente com o aroma. Esses óleos ajudam a abrir o Sahasrara para a consciência cósmica e a promover uma sensação de unidade com o universo.

A prática de aromaterapia para os chakras pode ser realizada de forma isolada, focando-se em um único chakra, ou como um alinhamento completo, utilizando os óleos em sequência, conforme o alinhamento dos chakras. Para um alinhamento completo, aplique uma gota diluída de cada óleo específico diretamente sobre o chakra correspondente, ou inale os óleos em sequência, começando pelo Chakra Raiz e subindo até o Chakra Coronário. Essa prática promove um equilíbrio geral e ajuda a harmonizar todo o sistema energético.

Além da aplicação tópica, a inalação dos óleos essenciais é uma técnica poderosa para acessar o campo energético. O olfato é o único dos cinco sentidos diretamente ligado ao sistema límbico do cérebro, onde estão as memórias e as emoções. Quando inalamos um aroma específico, ele desencadeia uma resposta emocional e energética imediata, facilitando o acesso aos chakras e ajudando na liberação de bloqueios.

Manter um diário para registrar as experiências e os efeitos dos óleos essenciais pode ser uma prática enriquecedora. A aromaterapia é uma jornada de autoconhecimento, e cada aroma age de forma diferente para cada pessoa. Anotar as sensações e os efeitos ao longo do tempo ajuda a entender como cada óleo interage com seu campo energético e como ele influencia seus chakras. Isso permite um aprofundamento na prática e uma conexão mais intuitiva com os próprios ciclos e necessidades.

Incorporar a aromaterapia ao seu dia a dia não apenas ajuda a manter os chakras equilibrados, mas também cria uma atmosfera de paz e de bem-estar em sua rotina. A prática contínua promove uma vida em harmonia com as energias da natureza e do universo, facilitando o autoconhecimento e o desenvolvimento espiritual.

Capítulo 24
O Poder dos Ciclos Femininos

Os ciclos femininos representam um dos aspectos mais profundos e misteriosos da conexão entre o corpo, a mente e a energia sagrada. Esses ciclos estão intimamente ligados à natureza e ao universo, refletindo a mesma energia que encontramos nas estações do ano, nas fases da lua e nos ritmos da Terra. Compreender e honrar esses ciclos é fundamental para acessar a essência do Sagrado Feminino e integrá-la ao processo de autoconhecimento e cura. Neste capítulo, exploramos o poder dos ciclos femininos e como essa conexão pode fortalecer o alinhamento dos chakras e promover uma vida em harmonia com os ritmos naturais do universo.

Os ciclos femininos são, na sua essência, uma dança entre a energia e a introspecção, o crescimento e o repouso. Cada etapa do ciclo menstrual possui características únicas e influencia não apenas o corpo físico, mas também o emocional e o espiritual. Assim como a natureza se transforma ao longo das estações, o corpo feminino também passa por períodos de renovação, de expansão e de recolhimento, que são essenciais para manter o equilíbrio e o fluxo energético. Honrar esses ciclos é uma forma de reconhecer e aceitar as mudanças e as necessidades do corpo, valorizando a sabedoria inata que ele traz.

A primeira fase do ciclo feminino, conhecida como fase menstrual, é muitas vezes comparada ao inverno. Esse é o momento de introspecção, de descanso e de renovação. Assim como o inverno é uma fase de recolhimento, a fase menstrual é uma oportunidade para voltar-se para dentro e acessar as necessidades mais profundas. O Chakra Raiz é particularmente influenciado durante essa fase, pois ele simboliza a base e a conexão com a Terra, oferecendo estabilidade e segurança. Durante esse período, é benéfico trabalhar com práticas de aterramento, como a meditação com cristais de hematita ou jaspe vermelho, e a utilização de óleos essenciais de vetiver e cedro, que ajudam a criar uma sensação de ancoramento.

A segunda fase, chamada de fase folicular, é frequentemente associada à primavera. Nesta etapa, a energia começa a crescer e o corpo desperta para novas possibilidades. O Chakra Sacral é intensamente ativado, pois esta é uma fase de criatividade, de expansão e de conexão com o prazer. Essa fase representa o renascimento e é marcada pela abertura para novas ideias, novos projetos e novas experiências. Cristais como a cornalina e a calcita laranja, assim como os óleos essenciais de ylang-ylang e laranja doce, podem ser usados para intensificar essa energia criativa e para trazer à tona o entusiasmo e a leveza.

A terceira fase, conhecida como fase ovulatória, é semelhante ao verão. Este é o ápice do ciclo, onde a energia atinge o seu ponto máximo, e o corpo se encontra em um estado de abertura e de conexão com o exterior. O Chakra do Plexo Solar é ativado durante esta fase, refletindo a energia de autoconfiança, de poder pessoal e de ação. Neste período, as emoções estão mais intensas e o potencial para a expressão pessoal é elevado. O citrino e o olho de tigre são cristais ideais para o Plexo Solar, enquanto os óleos essenciais de limão e gengibre ajudam a intensificar a confiança e a presença. Esse é o momento ideal para se concentrar em projetos e para comunicar-se com o mundo de maneira autêntica.

A quarta fase, chamada de fase lútea, é muitas vezes associada ao outono. Esta é uma fase de recolhimento e de preparação para o próximo ciclo, onde o corpo e a mente começam a se voltar para dentro, em um movimento de introspecção e de análise. O Chakra Cardíaco e o Chakra Frontal são os mais influenciados nesta fase, pois o corpo e o espírito se preparam para uma fase de transformação e de cura emocional. Durante este período, a utilização do quartzo rosa e da ametista ajuda a promover a aceitação e a compaixão. A aromaterapia com óleos de lavanda, rosa e camomila promove um estado de paz e facilita o desapego de emoções ou pensamentos que precisam ser liberados.

Cada fase do ciclo feminino não só influencia o estado físico e emocional, mas também pode ser utilizada como uma oportunidade de alinhar os chakras e promover o equilíbrio entre o corpo e o espírito. Práticas específicas, como a meditação e o uso de cristais e de óleos essenciais, permitem que a energia dos chakras flua de acordo com a fase em que o corpo se encontra. Por exemplo, durante a fase menstrual, ao praticar uma meditação focada no Chakra Raiz, a mulher pode visualizar uma luz vermelha no centro do corpo, que promove a sensação de segurança e de estabilidade. Da mesma forma, durante a fase ovulatória, a meditação focada no Chakra do Plexo Solar pode trazer à tona a energia de confiança e de expansão.

A conexão entre os ciclos femininos e as fases da lua é outra forma de se alinhar com os ritmos da natureza e com o Sagrado Feminino. A lua passa por ciclos de crescimento, de plenitude e de recolhimento, assim como o corpo feminino. Durante a Lua Nova, quando a energia é de introspecção, o corpo se sintoniza com a fase menstrual, favorecendo práticas de recolhimento e de renovação. A Lua Crescente, que simboliza o crescimento e a expansão, ressoa com a fase folicular, onde a criatividade e a abertura são mais intensas. Na Lua Cheia, assim como na fase ovulatória, a energia está em seu auge, favorecendo a expressão e a manifestação de intenções. A Lua Minguante, que marca o declínio e o fechamento de um ciclo, corresponde à fase lútea, onde o corpo se prepara para um novo começo.

Honrar os ciclos femininos é uma prática de autoconhecimento que fortalece a conexão com o Sagrado Feminino e permite que a mulher compreenda e respeite seus próprios ritmos e necessidades. A prática de manter um diário menstrual é uma ferramenta eficaz para acompanhar as mudanças emocionais e energéticas ao longo do ciclo, permitindo que cada fase seja vivenciada com consciência e que as práticas de equilíbrio dos chakras sejam adaptadas de acordo com as necessidades de cada período. Ao registrar as sensações, as reflexões e os insights obtidos em cada fase, é possível identificar padrões e alinhar as práticas espirituais com as necessidades do corpo e da mente.

Além disso, celebrar e honrar os ciclos femininos através de rituais é uma forma poderosa de afirmar a sacralidade do corpo e de sua conexão com o universo. Esses rituais podem ser realizados individualmente ou em grupo, onde cada mulher compartilha sua experiência e sua conexão com os ciclos naturais. Rituais de Lua Cheia ou de Lua Nova, por exemplo, podem incluir práticas de meditação, cânticos, danças e visualizações, que permitem a integração dos chakras e fortalecem a energia do Sagrado Feminino. Ao celebrar essas fases, a mulher não apenas honra a si mesma, mas também a toda a linhagem feminina e à natureza cíclica da vida.

A consciência dos ciclos femininos e seu impacto sobre os chakras são fundamentais para a jornada de autoconhecimento e de cura. A mulher que compreende e aceita seu ciclo como uma parte essencial de sua essência descobre uma fonte inestimável de poder, de intuição e de equilíbrio. Trabalhar com os ciclos é uma prática de conexão com a sabedoria ancestral, onde o corpo e o espírito se alinham para criar uma vida harmoniosa e plena de significado.

Capítulo 25
Ritual de Lua Cheia

A Lua Cheia é um dos momentos mais poderosos e místicos do ciclo lunar, representando o ápice da energia, da iluminação e da realização. Esse é o período em que a lua está em sua fase mais completa, banhando a Terra com uma luz que revela e intensifica as emoções, trazendo à tona tudo o que foi plantado, cultivado e que agora se encontra pronto para ser manifestado ou liberado. O ritual de Lua Cheia é uma prática que celebra essa energia de plenitude e transformação, oferecendo um espaço sagrado para a introspecção, para o agradecimento e para a liberação de tudo aquilo que já não serve mais ao propósito do autoconhecimento e do equilíbrio espiritual.

Realizar um ritual durante a Lua Cheia é uma forma de alinhar-se com as forças da natureza e com a energia cíclica do universo. Essa prática é especialmente poderosa para as mulheres, pois a energia da Lua Cheia está intimamente ligada ao Sagrado Feminino, à intuição e à conexão com os mistérios da vida. A cada Lua Cheia, o corpo e a mente se abrem para a liberação de bloqueios, promovendo uma renovação profunda nos chakras e na energia vital. Esse ritual permite que a luz da lua ilumine as sombras internas, ajudando a identificar padrões, emoções e medos que precisam ser transformados.

Para iniciar o ritual de Lua Cheia, escolha um local tranquilo ao ar livre, se possível, onde a luz da lua possa ser vista diretamente. Caso não seja viável realizar o ritual ao ar livre, uma janela ou um ambiente sereno dentro de casa também podem ser utilizados. Decore o espaço com elementos naturais, como cristais, flores e velas, criando uma atmosfera acolhedora e sagrada. Cristais como a selenita, a ametista e o quartzo claro são particularmente recomendados para essa ocasião, pois eles promovem a purificação e ajudam a elevar a energia do ambiente. Comece o ritual com um momento de silêncio e de conexão com a respiração. Sente-se confortavelmente e feche os olhos, respirando profundamente e permitindo que a mente se acalme. Cada inspiração traz a energia da lua para dentro do corpo, enquanto cada expiração libera as tensões e as preocupações acumuladas. Essa respiração inicial é uma preparação para o ritual, que cria um espaço de abertura e de presença. Sinta que, a cada respiração, a luz da Lua Cheia preenche seu campo energético, preparando-o para o processo de introspecção e de liberação.

A visualização é uma prática poderosa durante o ritual de Lua Cheia, pois a mente se torna mais receptiva à energia de clareza e de intuição que a lua proporciona. Com os olhos fechados, visualize-se envolto em uma luz prateada que emana da lua. Imagine que essa luz flui sobre o corpo como uma cascata, purificando e iluminando cada chakra, começando pelo Chakra Raiz e subindo até o Chakra Coronário. Sinta que essa luz dissolve bloqueios e promove o alinhamento de cada centro energético, criando uma sensação de paz e de harmonia.

Após a visualização, comece uma reflexão sobre o que deseja liberar neste ciclo. A Lua Cheia é o momento de deixar ir tudo o que já não serve ao propósito do crescimento e da evolução. Em um caderno ou em uma folha de papel, escreva tudo o que deseja soltar — sejam emoções, hábitos, pensamentos ou relacionamentos que você sente que estão impedindo seu desenvolvimento. Ao escrever, permita que a intuição guie suas palavras, revelando insights sobre o que precisa ser transformado. Essa escrita é uma forma de expurgar as energias estagnadas e de se preparar para o renascimento.

Uma prática comum e simbólica no ritual de Lua Cheia é a queima da lista de liberação. Depois de escrever tudo o que deseja deixar para trás, dobre a folha de papel e segure-a com intenção e respeito. Se possível, acenda uma vela e use sua chama para queimar a lista, visualizando que, ao se transformar em cinzas, cada bloqueio é dissolvido e transmutado. Esse ato de queima representa o desapego, a entrega ao fluxo natural do universo e o desejo sincero de renovação. Enquanto observa o papel se desfazer, sinta uma leveza, como se um peso estivesse sendo removido.

Durante o ritual, é recomendável usar cristais para intensificar a energia de purificação e de conexão com o divino. A selenita, um cristal de alta vibração, pode ser segurada nas mãos enquanto você faz a visualização, promovendo a limpeza do campo energético e facilitando a conexão com o universo. A ametista, com sua energia de paz e de intuição, ajuda a intensificar o poder da meditação e a ampliar a percepção espiritual. Posicione esses cristais ao redor do corpo, em uma mandala, ou segure-os durante a meditação, permitindo que suas vibrações se alinhem com as energias da Lua Cheia.

A prática de afirmações positivas é uma maneira eficaz de substituir as energias liberadas por novas intenções. Após a queima da lista de liberação, recite afirmações que reforcem o estado de paz, de autoconsciência e de confiança em sua jornada. Frases como "Eu libero o que não me serve mais", "Estou aberto para o novo" e "Confio no fluxo do universo" são exemplos de afirmações que podem ser repetidas em voz alta ou mentalmente. Essas palavras criam uma ressonância positiva que fortalece a intenção de renovação e de transformação.

A gratidão é uma parte essencial do ritual de Lua Cheia, pois ela reforça o poder de manifestação e promove uma atitude de abertura e aceitação. Reserve um momento para agradecer por tudo o que foi revelado, por todo o aprendizado do ciclo e pelo apoio que o universo oferece continuamente em sua jornada. Agradeça a si mesmo pelo compromisso com o autoconhecimento e pela coragem de enfrentar o processo de liberação. Esse estado de gratidão eleva a vibração e encerra o ritual com uma energia de completude e de paz.

Após o ritual, é importante cuidar do campo energético e integrar as mudanças. Banhos de purificação, com sal grosso e ervas como alecrim ou lavanda, ajudam a selar a energia e a promover uma sensação de limpeza e de proteção. Esse banho pode ser feito no dia seguinte ao ritual, permitindo que o corpo e a mente processem a liberação e se preparem para um novo ciclo. A prática de descanso e de introspecção também é recomendada, pois ela ajuda a assimilar as transformações e a fortalecer o vínculo com o próprio centro.

O ritual de Lua Cheia é um momento sagrado de entrega e de renovação, uma prática que permite que cada pessoa explore seu próprio potencial e liberte-se das limitações. Com o tempo e a repetição dessa prática, o poder de liberação se intensifica, promovendo um estado de clareza e de harmonia. Esse ritual é uma ferramenta poderosa para o alinhamento dos chakras e para a expansão da consciência, permitindo que cada ciclo lunar seja uma oportunidade de crescimento e de reconexão com o Sagrado Feminino.

A energia da Lua Cheia ilumina a jornada interior, revelando o que precisa ser transformado e fortalecendo a confiança no caminho. Honrar esse momento é integrar o universo ao próprio ser, permitindo que a luz da lua guie cada passo da jornada espiritual.

Capítulo 26
Visualização de Luz para Limpeza Energética

A visualização de luz é uma técnica profunda e eficaz para a limpeza e a harmonização dos chakras, promovendo o fluxo de energia e eliminando bloqueios emocionais e mentais. Esse processo permite que cada chakra seja purificado e revitalizado, devolvendo ao corpo e à mente uma sensação de leveza e de paz. A prática de visualização de luz é uma forma de reconexão com a energia primordial, uma experiência de autocuidado e de integração entre o físico e o espiritual. Neste capítulo, exploramos como essa técnica pode ser usada para limpar e equilibrar o sistema energético, promovendo bem-estar e alinhamento.

A visualização de luz é uma prática antiga, presente em diversas tradições espirituais, que entende a luz como uma fonte de cura e de renovação. Ao visualizar a luz percorrendo o corpo, permitimos que ela dissolva as energias densas, removendo as obstruções que impedem o fluxo natural. Cada chakra reage de maneira única à visualização da luz, pois a energia luminosa se adapta a cada centro energético, promovendo a cura de acordo com as necessidades específicas de cada um. Além disso, a prática de visualização estimula a intuição, fortalece o campo áurico e cria uma conexão direta com a consciência superior.

Para realizar a visualização de luz, escolha um local tranquilo e livre de distrações. Crie uma atmosfera que promova paz e acolhimento, utilizando velas ou incenso, e posicione-se em uma postura confortável, seja sentado ou deitado. É importante que a coluna esteja reta para permitir que a energia flua livremente através dos chakras. Feche os olhos e comece a relaxar, respirando profundamente e sentindo cada parte do corpo relaxar gradualmente. Essa respiração inicial é fundamental para acalmar a mente e criar uma base para a prática de visualização.

Comece o exercício focando sua atenção no Chakra Coronário, localizado no topo da cabeça, e visualize uma luz branca ou violeta descendo suavemente do alto, como uma cascata de energia pura. Imagine que essa luz desce pelo corpo e se posiciona acima da cabeça, trazendo consigo uma sensação de paz e de elevação espiritual. Concentre-se nessa luz e sinta que ela se expande, conectando-o com o universo e promovendo uma sensação de unidade. A luz branca é conhecida por sua capacidade de transmutação e purificação, dissolvendo as energias negativas e transformando-as em energia positiva.

Permita que essa luz desça até o Chakra Frontal, localizado entre as sobrancelhas. Visualize a luz branca ou violeta preenchendo esse ponto, promovendo clareza e expansão da intuição. Sinta que a luz ilumina o centro do Terceiro Olho, dissolvendo bloqueios que possam estar impedindo o fluxo intuitivo. Essa luz limpa qualquer pensamento negativo ou confusão mental, promovendo uma visão clara e profunda. Respire profundamente, permitindo que a luz se funda com o Chakra Frontal, fortalecendo sua capacidade de percepção e sabedoria interior.

Em seguida, direcione a luz para o Chakra Laríngeo, situado na região da garganta. Visualize essa luz transformando-se em um tom suave de azul, que simboliza a verdade e a expressão. Imagine que a luz azul envolve a garganta, limpando bloqueios que possam estar relacionados à comunicação e ao medo de se expressar. Sinta que a luz dissolve qualquer energia estagnada, permitindo que a voz interior se manifeste de forma clara e autêntica. A respiração profunda auxilia no processo, promovendo uma sensação de liberdade e de confiança na própria voz.

Conduza a luz para o Chakra Cardíaco, localizado no centro do peito, e visualize que ela se transforma em uma luz verde ou rosa, que simboliza o amor incondicional e a compaixão. Sinta essa luz expandindo-se no peito, envolvendo o coração e promovendo a cura emocional. A luz verde dissolve mágoas, ressentimentos e qualquer bloqueio que impeça o amor de fluir. Essa luz promove a paz, a aceitação e a compaixão, permitindo que o coração se abra para novas experiências e sentimentos. A respiração auxilia na integração dessa energia, promovendo uma sensação de leveza e de harmonia.

A luz deve então descer para o Chakra do Plexo Solar, localizado na região do abdômen, onde se transforma em um tom vibrante de amarelo. Essa luz representa o poder pessoal, a confiança e a força de vontade. Visualize que a luz amarela preenche todo o abdômen, dissolvendo bloqueios que possam estar relacionados à autoestima e à manifestação de intenções. Sinta que essa luz ilumina o centro de seu poder pessoal, promovendo autoconfiança e clareza sobre suas metas e valores. A respiração profunda ajuda a integrar essa energia, promovendo uma sensação de equilíbrio e de força interna.

Em seguida, leve a luz até o Chakra Sacral, localizado abaixo do umbigo, e visualize que ela se transforma em um tom suave de laranja. Essa luz laranja representa a criatividade, o prazer e a expressão emocional. Imagine que a luz envolve o Chakra Sacral, dissolvendo bloqueios que possam estar reprimindo a expressão criativa e o prazer de viver. Sinta que a luz revitaliza esse centro energético, promovendo alegria e a liberdade de expressar suas emoções de maneira saudável. A respiração consciente auxilia na integração dessa energia, promovendo uma sensação de entusiasmo e de vitalidade.

Por fim, direcione a luz até o Chakra Raiz, localizado na base da coluna, e visualize que ela se transforma em um tom profundo de vermelho. Essa luz simboliza a segurança, o ancoramento e a conexão com a Terra. Imagine que a luz vermelha envolve o Chakra Raiz, dissolvendo bloqueios que possam estar relacionados ao medo e à insegurança. Sinta que essa luz traz uma sensação de estabilidade e de conexão com o plano material, promovendo uma base sólida para todo o sistema energético. A respiração profunda ajuda a ancorar essa energia, promovendo uma sensação de segurança e de paz interior.

Após a limpeza de cada chakra, visualize que a luz percorre todo o corpo, formando uma coluna de luz que se estende da base da coluna até o topo da cabeça. Sinta que essa coluna de luz conecta cada chakra, criando um fluxo contínuo e harmônico de energia que percorre todo o sistema. Permaneça alguns minutos nesse estado, sentindo que cada chakra está purificado e que a energia flui livremente pelo corpo. Essa coluna de luz representa o alinhamento e a harmonia entre corpo, mente e espírito, promovendo uma sensação de plenitude e de paz.

A prática de visualização de luz pode ser complementada com a utilização de cristais e óleos essenciais específicos para cada chakra. Cristais como a selenita e o quartzo claro podem ser utilizados durante a visualização, sendo posicionados sobre os chakras ou segurados nas mãos, para intensificar o processo de limpeza e de equilíbrio. Os óleos essenciais, como o de lavanda, o de alecrim e o de eucalipto, podem ser utilizados em um difusor ou aplicados nas mãos, promovendo um ambiente de serenidade e facilitando o acesso à energia sutil.

Integrar essa prática à rotina diária ou semanal é uma forma de manter o equilíbrio energético e de prevenir o acúmulo de bloqueios emocionais e mentais. A visualização de luz é uma ferramenta poderosa que permite o autoconhecimento e a autocura, ajudando a criar uma conexão direta com o campo espiritual e promovendo uma vida harmoniosa e consciente.

Ao finalizar a prática, reserve um momento para agradecer por essa experiência de purificação e de renovação. A gratidão fortalece a conexão com o eu superior e com o universo, promovendo um estado de paz e de plenitude. Com o tempo, a prática de visualização de luz se torna uma aliada no caminho de crescimento espiritual, oferecendo uma fonte constante de equilíbrio e de vitalidade.

Capítulo 27
Afirmações para Fortalecimento dos Chakras

As afirmações positivas são uma ferramenta poderosa para o fortalecimento dos chakras e para a harmonização do campo energético. Cada chakra é responsável por uma dimensão específica de nossa existência — segurança, criatividade, poder pessoal, amor, expressão, intuição e conexão espiritual — e, quando equilibrados, permitem que a energia flua livremente, promovendo bem-estar físico, emocional e espiritual. As afirmações ajudam a reprogramar crenças limitantes e a cultivar uma mentalidade positiva, fortalecendo o equilíbrio interno e promovendo a autoconfiança e o amor-próprio.

As palavras carregam uma força que se manifesta em nossa mente e em nosso campo energético. Ao repetirmos afirmações com intenção e clareza, criamos uma ressonância interna que afeta diretamente os chakras, ativando-os e equilibrando-os. Essa prática simples, mas profundamente transformadora, permite que cada chakra seja nutrido com energia positiva, promovendo autoconhecimento e expansão espiritual.

Para iniciar a prática das afirmações, escolha um ambiente calmo e silencioso, onde possa se concentrar sem distrações. Sente-se confortavelmente e relaxe o corpo, respirando profundamente para acalmar a mente. Feche os olhos e concentre-se em cada chakra, um por vez, visualizando a cor correspondente e repetindo a afirmação escolhida para fortalecer aquele centro de energia. A visualização da cor ajuda a intensificar o efeito das palavras, promovendo uma conexão profunda com cada chakra.

Chakra Raiz: O Chakra Raiz, localizado na base da coluna e representado pela cor vermelha, é responsável pela segurança, estabilidade e conexão com a Terra. Quando esse chakra está equilibrado, sentimos um profundo senso de pertencimento e de ancoramento. Afirmações para o Chakra Raiz incluem:

"Eu sou seguro e protegido."

"Eu me sinto ancorado e conectado com a Terra."

"Eu confio no fluxo da vida."

Essas afirmações ajudam a dissolver medos e inseguranças, promovendo uma sensação de segurança e estabilidade. Visualize uma luz vermelha na base da coluna enquanto repete cada frase, sentindo que essa energia preenche o corpo e fortalece sua conexão com o mundo físico.

Chakra Sacral: O Chakra Sacral, situado abaixo do umbigo e associado à cor laranja, é o centro da criatividade, da sensualidade e do prazer. Quando equilibrado, ele promove a expressão emocional saudável e a conexão com a própria energia criativa. Afirmações para o Chakra Sacral incluem:

"Eu celebro minha criatividade e minha sensualidade."

"Eu sou livre para expressar minhas emoções."

"Eu sou digno de prazer e alegria."

Visualize uma luz laranja brilhante nessa área enquanto repete as afirmações, sentindo que essa energia desperta o prazer de viver e a liberdade de ser autêntico. A prática ajuda a liberar bloqueios emocionais e a fortalecer a conexão com a própria essência criativa.

Chakra do Plexo Solar: O Chakra do Plexo Solar, localizado no abdômen e representado pela cor amarela, é o centro do poder pessoal e da autoconfiança. Um Plexo Solar equilibrado traz clareza, coragem e uma visão clara sobre as metas e os valores. Afirmações para o Chakra do Plexo Solar incluem:

"Eu sou forte e confiante."

"Eu confio em minhas escolhas e decisões."

"Eu tenho o poder de criar a vida que desejo."

Visualize uma luz amarela radiante no abdômen enquanto repete cada afirmação, sentindo que essa energia ilumina e fortalece seu centro de poder pessoal. A prática promove uma sensação de determinação e clareza, ajudando a superar dúvidas e inseguranças.

Chakra Cardíaco: O Chakra Cardíaco, localizado no centro do peito e associado às cores verde e rosa, é o centro do amor, da compaixão e da harmonia. Quando equilibrado, promove a empatia e a aceitação, tanto em relação a si mesmo quanto aos outros. Afirmações para o Chakra Cardíaco incluem:

"Eu sou digno de amor e compaixão."

"Eu aceito e amo a mim mesmo incondicionalmente."

"Eu irradio amor e paz para o mundo."

Visualize uma luz verde ou rosa preenchendo o peito enquanto repete as afirmações, sentindo que essa energia se expande e se conecta com o universo. Essa prática ajuda a dissolver mágoas e a promover uma sensação de paz e de harmonia interior, fortalecendo a capacidade de amar e de ser amado.

Chakra Laríngeo: O Chakra Laríngeo, situado na região da garganta e representado pela cor azul, é o centro da comunicação e da expressão da verdade. Quando equilibrado, permite que a voz interior seja expressa de maneira autêntica e clara. Afirmações para o Chakra Laríngeo incluem:

"Eu me expresso com clareza e confiança."

"Minha voz é importante e merece ser ouvida."

"Eu comunico minha verdade com amor e respeito."

Visualize uma luz azul brilhante na garganta enquanto repete cada afirmação, sentindo que essa energia dissolve qualquer bloqueio e facilita a comunicação. A prática promove uma expressão autêntica e a coragem de compartilhar pensamentos e sentimentos de forma aberta e sincera.

Chakra Frontal (Terceiro Olho): O Chakra Frontal, localizado entre as sobrancelhas e associado à cor índigo, é o centro da intuição e da visão espiritual. Quando equilibrado, promove a clareza mental e a conexão com a sabedoria interior. Afirmações para o Chakra Frontal incluem:

"Eu confio na minha intuição."

"Eu sou aberto para a sabedoria do meu interior."

"Eu vejo além das ilusões e compreendo a verdade."

Visualize uma luz índigo entre as sobrancelhas enquanto repete as afirmações, sentindo que essa energia abre sua percepção e amplia sua visão espiritual. Essa prática ajuda a fortalecer a intuição e a dissolver dúvidas e confusões mentais, promovendo uma conexão profunda com a própria sabedoria.

Chakra Coronário: O Chakra Coronário, situado no topo da cabeça e representado pelas cores violeta ou branca, é o centro da conexão com o divino e da consciência universal. Quando equilibrado, promove a paz e a sensação de unidade com o universo. Afirmações para o Chakra Coronário incluem:

"Eu sou um com o universo."

"Eu confio na sabedoria divina que me guia."

"Eu estou em paz com o fluxo da vida."

Visualize uma luz branca ou violeta no topo da cabeça enquanto repete cada afirmação, sentindo que essa energia eleva sua consciência e conecta-o ao todo. Essa prática promove uma sensação de paz e de unidade, permitindo que o espírito se expanda e se conecte com a sabedoria universal.

A prática diária ou semanal das afirmações fortalece o campo energético e promove um alinhamento contínuo dos chakras. A repetição dessas palavras cria uma ressonância positiva, que transforma a mente e a energia interna, promovendo a clareza e o equilíbrio. Essa técnica pode ser utilizada tanto como um exercício independente quanto em conjunto com outras práticas, como meditação, visualização ou uso de cristais e óleos essenciais.

Incorporar as afirmações ao longo do dia também ajuda a manter a harmonia dos chakras, especialmente em momentos de desafio emocional ou mental. Ao sentir que um determinado chakra está desequilibrado, reserve um momento para recitar as afirmações específicas para aquele centro, permitindo que as palavras e a intenção restauram a paz e o alinhamento.

As afirmações são uma prática acessível e poderosa para quem busca fortalecer a conexão com o próprio ser e cultivar uma vida equilibrada e positiva. Ao reprogramar as crenças e pensamentos, promovemos uma transformação profunda nos chakras e, consequentemente, em toda a experiência de vida.

Capítulo 28
Conexão com Elementos da Natureza

A conexão com os elementos da natureza é uma prática essencial para o equilíbrio e a harmonia dos chakras, pois os elementos — Terra, Água, Fogo, Ar e Éter — representam forças fundamentais que compõem não apenas o mundo físico, mas também nossos centros energéticos. Cada chakra ressoa com um elemento específico, que fortalece sua energia e promove a conexão entre o corpo e o ambiente natural. Honrar e trabalhar com esses elementos permite que a energia flua de forma equilibrada, favorecendo o autoconhecimento e o bem-estar espiritual.

Os elementos da natureza possuem características e qualidades próprias que se relacionam com os chakras de diferentes maneiras, influenciando tanto o estado emocional quanto a saúde física e mental. A prática de conexão com esses elementos ajuda a despertar e a restaurar os chakras, permitindo que cada um ressoe em sua frequência ideal. Ao se abrir para a interação com a Terra, a Água, o Fogo, o Ar e o Éter, despertamos a sabedoria ancestral e fortalecemos o elo com o Sagrado Feminino e com a energia universal.

Terra: Conexão com o Chakra Raiz: A Terra é o elemento que representa a estabilidade, a segurança e o ancoramento, qualidades essenciais para o Chakra Raiz, situado na base da coluna. Esse chakra nos conecta ao mundo físico, promovendo uma sensação de pertença e de firmeza. A conexão com a Terra pode ser cultivada por meio de práticas de aterramento, como caminhar descalço na natureza, sentar-se na grama ou na terra e sentir o contato com o solo.

Visualizar raízes que se estendem da base da coluna para dentro da Terra é uma prática poderosa para fortalecer o Chakra Raiz. Imagine que essas raízes descem profundamente, absorvendo a energia da Terra e devolvendo uma sensação de estabilidade e de paz. O contato direto com a natureza e a prática de jardinagem ou de cultivo de plantas também reforçam essa conexão, promovendo o equilíbrio e fortalecendo o vínculo com a energia do elemento Terra.

Água: Conexão com o Chakra Sacral: O elemento Água é fluido, adaptável e ligado à emoção e à criatividade, aspectos que ressoam profundamente com o Chakra Sacral, localizado abaixo do umbigo. A Água representa o fluxo natural da vida e a capacidade de adaptação, ajudando a liberar bloqueios emocionais e a promover o prazer e a expressão criativa. Para fortalecer essa conexão, o contato com fontes de água, como rios, mares ou até mesmo banhos de imersão, é altamente benéfico.

Uma prática recomendada é realizar um ritual de banho, onde se utiliza água morna com ervas e óleos essenciais, como ylang-ylang ou laranja doce, que trazem à tona a energia criativa e emocional. Durante o banho, visualize que a água purifica o Chakra Sacral, removendo bloqueios e promovendo uma sensação de leveza e de liberdade emocional. Esse processo ajuda a liberar tensões e a abrir espaço para novas experiências e criações.

Fogo: Conexão com o Chakra do Plexo Solar: O Fogo é o elemento da transformação, da força de vontade e do poder pessoal, energias que se conectam ao Chakra do Plexo Solar, situado no abdômen. Este chakra governa nossa autoestima e nossa capacidade de agir com coragem e determinação. Trabalhar com o elemento Fogo ajuda a ativar o Plexo Solar e a despertar a motivação para alcançar objetivos e expressar a própria identidade.

Para fortalecer essa conexão, pratique o contato com o Fogo de maneira segura, como acendendo uma vela e concentrando-se na chama. Visualize a chama do Fogo queimando todas as dúvidas e inseguranças, substituindo-as por uma luz amarela brilhante e intensa que preenche o Chakra do

Plexo Solar. O exercício de respiração do fogo, que consiste em respirações curtas e rápidas, também ajuda a ativar e a energizar o Plexo Solar, promovendo um senso de poder interno e de autoconfiança.

Ar: Conexão com o Chakra Cardíaco: O elemento Ar é leve, fluido e essencial para a vida, refletindo-se no Chakra Cardíaco, localizado no centro do peito. Este chakra é o centro do amor, da compaixão e da conexão com os outros. O Ar simboliza o movimento e a liberdade, ajudando a liberar emoções reprimidas e a promover uma sensação de expansão. Trabalhar com o elemento Ar permite que o Chakra Cardíaco se abra e se conecte com o mundo ao redor.

Para fortalecer a conexão com o Ar, pratique a respiração consciente, permitindo que o ar flua por todo o corpo e se concentre especialmente no peito. Visualize que o Ar entra pelos pulmões, enchendo o coração com uma luz verde suave e calmante, dissolvendo qualquer tensão emocional. Passar tempo ao ar livre, especialmente em locais abertos e arejados, também ajuda a revitalizar o Chakra Cardíaco, promovendo uma sensação de paz e de leveza.

Éter: Conexão com os Chakras Superiores: O elemento Éter, também conhecido como o espaço ou o espírito, está presente em tudo e simboliza o mundo espiritual e a consciência superior. Este elemento está associado aos chakras superiores, particularmente o Chakra Laríngeo, o Chakra Frontal e o Chakra Coronário, que governam a comunicação, a intuição e a conexão com o divino. O Éter é o espaço onde todas as coisas existem, e trabalhar com esse elemento permite que nossa energia se expanda além do corpo físico.

Para se conectar com o Éter, pratique a meditação em silêncio, onde você se concentra apenas na presença e no espaço ao redor. Durante a prática, visualize uma luz suave que envolve a cabeça e que se expande para além do corpo, conectando-o com o universo. A prática de entoação de mantras ou de cânticos também ajuda a sintonizar os chakras superiores com o elemento Éter, promovendo uma sensação de unidade com o todo.

Práticas Combinadas para Equilíbrio dos Chakras com os Elementos: Integrar os elementos em uma prática combinada para equilibrar os chakras promove uma experiência completa e transformadora. Reserve um momento para cada elemento, aplicando as práticas correspondentes e visualizando as cores e as sensações associadas a cada chakra. Comece com a Terra, trabalhando o Chakra Raiz, e vá subindo até o Éter, conectando-se aos chakras superiores.

Para uma prática completa, você pode criar um pequeno altar com objetos que representem cada elemento — uma pedra para a Terra, uma concha ou recipiente de água, uma vela para o Fogo, uma pena para o Ar e um cristal de quartzo para o Éter. Esses elementos físicos ajudam a intensificar a prática, criando um campo energético que ressoa com os chakras e promove uma conexão profunda com o universo.

Benefícios da Conexão com os Elementos: A prática de conexão com os elementos ajuda a manter os chakras equilibrados e a promover uma vida em harmonia com a natureza. Além de fortalecer cada chakra, ela ajuda a cultivar uma maior presença e uma profunda gratidão pelo mundo natural. Essa prática regular de alinhamento com os elementos cria um senso de unidade e de paz, promovendo a saúde emocional e a clareza espiritual.

Ao reconhecer a importância dos elementos e ao integrá-los em sua rotina, você nutre o campo energético e promove o equilíbrio entre o corpo, a mente e o espírito. Essa prática fortalece o autoconhecimento e desperta uma maior compreensão de seu papel no universo, promovendo um estado de harmonia e de alinhamento com o Sagrado Feminino e com a energia vital que permeia toda a existência.

Capítulo 29
Uso de Ervas e Plantas Medicinais

As ervas e plantas medicinais possuem uma conexão ancestral com o ser humano, sendo usadas há séculos para promover a cura e o equilíbrio do corpo e da mente. Cada planta carrega uma essência única que ressoa com determinados chakras, ajudando a purificá-los, fortalecê-los e restaurar seu fluxo energético natural. Integrar o uso de ervas e plantas ao cuidado dos chakras é uma prática de conexão com a sabedoria da natureza, onde cada folha, flor e raiz contém em si um potencial transformador que pode apoiar o processo de autoconhecimento e bem-estar espiritual.

O uso de ervas para o equilíbrio dos chakras pode ser feito de diversas maneiras, incluindo chás, defumações, banhos e óleos essenciais. Cada método permite que a essência da planta interaja com os chakras, promovendo um estado de harmonia e de vitalidade. A escolha da erva correta para cada chakra é essencial, pois as propriedades curativas e as energias naturais de cada planta são únicas e específicas, permitindo que cada centro energético receba o cuidado adequado.

Chakra Raiz: Ervas de Aterramento e Estabilidade: O Chakra Raiz, que se localiza na base da coluna e está associado à segurança e à estabilidade, pode ser fortalecido com o uso de ervas de aterramento, como a raiz de dente-de-leão, o gengibre e a pata-de-vaca. Essas ervas possuem propriedades revigorantes e promovem o contato com a Terra, ajudando a fortalecer a base energética e a sensação de segurança.

O chá de raiz de dente-de-leão é especialmente eficaz, pois limpa o sistema e promove a circulação energética. Para preparar o chá, ferva uma colher de sopa de raiz de dente-de-leão seca em uma xícara de água por cinco minutos. Beba devagar, visualizando a energia da Terra conectando-se ao Chakra Raiz e promovendo um estado de ancoramento e de força. Defumações com sálvia ou arruda também ajudam a limpar a energia densa acumulada, criando uma base sólida para o equilíbrio do chakra.

Chakra Sacral: Ervas de Criatividade e Emoção
O Chakra Sacral, localizado abaixo do umbigo e relacionado à criatividade e às emoções, responde bem a ervas como a calêndula, a canela e o hibisco. Essas plantas têm propriedades estimulantes e promovem a liberação emocional, ajudando a equilibrar a energia do prazer e da criatividade.

Para ativar o Chakra Sacral, um banho de infusão de hibisco e canela é ideal. Ferva algumas flores de hibisco e um pedaço de canela em pau, coe e adicione à água do banho. Enquanto imerge na água, visualize uma luz laranja que preenche o chakra, dissolvendo bloqueios e promovendo a fluidez emocional. Essa prática traz à tona a energia criativa e fortalece a conexão com as emoções, favorecendo uma expressão mais livre e autêntica.

Chakra do Plexo Solar: Ervas de Poder e Autoconfiança:
O Chakra do Plexo Solar, localizado no abdômen e responsável pelo poder pessoal e pela autoconfiança, é intensificado com ervas como a camomila, o alecrim e a erva-doce. Essas plantas promovem a clareza mental e fortalecem a autoestima, ajudando a dissolver inseguranças.

O chá de camomila, além de suas propriedades calmantes, atua diretamente no Chakra do Plexo Solar, promovendo uma sensação de conforto e autoconfiança. Prepare uma infusão com uma colher de camomila seca e beba enquanto visualiza uma luz amarela brilhante no abdômen, irradiando força e determinação. Outra prática útil é o uso de óleo essencial de alecrim, que pode ser aplicado diluído na área do plexo, estimulando a coragem e a energia de ação.

Chakra Cardíaco: Ervas de Amor e Compaixão
O Chakra Cardíaco, situado no centro do peito e associado ao

amor e à compaixão, responde profundamente a ervas como a rosa, o manjericão e o jasmim. Essas plantas promovem a paz, a empatia e a abertura para o amor, ajudando a curar mágoas e a fortalecer o coração.

Um chá de pétalas de rosa é ideal para equilibrar o Chakra Cardíaco. Adicione algumas pétalas de rosa secas a uma xícara de água quente, deixando em infusão por alguns minutos. Enquanto bebe o chá, visualize uma luz verde ou rosa preenchendo o coração e dissolvendo qualquer dor ou ressentimento. As defumações com manjericão também são recomendadas para purificar o ambiente, favorecendo um estado de harmonia e amor.

Chakra Laríngeo: Ervas de Comunicação e Expressão O Chakra Laríngeo, localizado na região da garganta e ligado à comunicação e à expressão da verdade, é beneficiado pelo uso de ervas como hortelã, tomilho e eucalipto. Essas ervas são conhecidas por suas propriedades de purificação e clareza, ajudando a desbloquear a comunicação e a fortalecer a voz interior.

O chá de hortelã é refrescante e promove a expressão clara e sincera. Prepare o chá com folhas frescas de hortelã e beba enquanto se concentra em uma luz azul na garganta, promovendo a liberação de bloqueios e permitindo que a voz seja autêntica e clara. Além disso, inalar vapor de eucalipto ajuda a limpar o Chakra Laríngeo, promovendo uma sensação de liberdade e leveza.

Chakra Frontal: Ervas de Intuição e Sabedoria O Chakra Frontal, ou Terceiro Olho, situado entre as sobrancelhas e relacionado à intuição e à percepção espiritual, é intensificado com o uso de ervas como lavanda, sálvia e artemísia. Essas plantas ajudam a acalmar a mente, abrindo o campo intuitivo e promovendo uma visão clara.

A lavanda é ideal para acalmar e expandir a mente, sendo recomendada tanto em chás quanto em forma de óleo essencial. Prepare uma infusão de lavanda e beba antes de uma prática de meditação, visualizando uma luz índigo no centro da testa. O aroma e a essência da lavanda ajudam a elevar o estado mental, favorecendo a conexão com o eu interior. A artemísia também pode ser utilizada em defumações para promover sonhos lúcidos e insights espirituais.

Chakra Coronário: Ervas de Unidade e Conexão Espiritual: O Chakra Coronário, localizado no topo da cabeça e associado à conexão com o divino e à consciência superior, responde bem a ervas como o lótus, o olíbano e a sândalo. Essas plantas possuem propriedades de elevação espiritual, ajudando a conectar o indivíduo ao universo e promovendo a paz interior.

A infusão de flor de lótus, quando disponível, é excelente para ativar o Chakra Coronário, promovendo uma sensação de transcendência e de paz. Outro método eficaz é o uso de incenso de olíbano ou sândalo, que podem ser queimados durante uma prática de meditação para facilitar a conexão espiritual. Durante a inalação do aroma, visualize uma luz branca ou violeta no topo da cabeça, permitindo que essa energia expanda sua percepção e o conecte ao divino.

Banhos Energéticos e Defumações para Alinhamento dos Chakras: Os banhos energéticos e as defumações com ervas são práticas poderosas para o equilíbrio geral dos chakras. Um banho de ervas, preparado com uma mistura de manjericão, arruda e alecrim, promove a limpeza do campo áurico, removendo energias densas e fortalecendo o sistema energético. Para preparar o banho, ferva um punhado de cada erva em água, coe e despeje sobre o corpo após o banho regular, visualizando que cada chakra é purificado e revitalizado.

As defumações são outra prática essencial, pois permitem que a fumaça das ervas limpe o ambiente e o campo energético. Queime uma combinação de sálvia, lavanda e cedro e mova a fumaça ao redor do corpo, especialmente nas áreas dos chakras, visualizando que todas as energias estagnadas são dissolvidas.

Integrando as Ervas na Rotina Diária para o Equilíbrio dos Chakras: Incorporar o uso de ervas no dia a dia promove uma harmonia contínua dos chakras e fortalece a conexão com a natureza. Beba chás que promovam o equilíbrio emocional e a clareza mental, use óleos essenciais para trazer paz e vitalidade ao seu espaço e inclua rituais de banho e defumação como práticas regulares de autocuidado. Essa integração constante com as ervas permite que cada chakra receba a nutrição e o apoio que precisa, promovendo uma vida equilibrada e em harmonia com o universo.

Capítulo 30
Auto-Massagem para Harmonização

A prática da auto-massagem é uma forma eficaz de promover o equilíbrio e o fluxo de energia nos chakras, ao mesmo tempo que fortalece a conexão com o próprio corpo. Cada chakra corresponde a regiões específicas, e, ao aplicar uma massagem suave nessas áreas, é possível estimular o fluxo energético, liberar tensões acumuladas e promover um estado de calma e de harmonia interna. Essa prática de autocuidado não só ajuda a revitalizar o corpo, mas também aumenta a percepção dos estados emocionais e mentais, oferecendo um momento de introspecção e de reconexão.

A auto-massagem, além de ser um método acessível, também permite que você desenvolva uma consciência mais profunda das áreas do corpo que estão em desequilíbrio. Com a prática regular, você passa a perceber quais chakras estão mais ativos ou bloqueados, permitindo que aplique a massagem como uma forma de liberar tensões e restaurar o alinhamento energético. Esse processo é particularmente benéfico para a saúde dos chakras, pois cada toque intencional, cada pressão aplicada, intensifica o fluxo vital e fortalece a conexão entre o corpo físico e os centros energéticos.

Para iniciar a prática de auto-massagem, escolha um ambiente calmo e relaxante, onde possa se concentrar totalmente na experiência. Utilize óleos essenciais que ressoem com cada chakra para potencializar a prática — como o óleo de lavanda para o Chakra Cardíaco ou o óleo de alecrim para o Plexo Solar — e aplique uma quantidade pequena nas mãos antes de começar. Respire profundamente algumas vezes, sentindo o corpo relaxar, e defina a intenção de que cada toque promove a liberação, o equilíbrio e o alinhamento de seu campo energético.

Chakra Raiz: Massagem para Segurança e Aterramento: O Chakra Raiz está localizado na base da coluna e se relaciona com o ancoramento e a segurança. Para estimular esse chakra, aplique uma pressão suave na região dos quadris e nas coxas. Usando o polegar e a palma das mãos, faça movimentos circulares e firmes nessa área, permitindo que a energia flua para baixo, conectando-se com o chão. Esse toque ajuda a estabilizar e a ancorar o corpo, promovendo uma sensação de segurança e pertencimento.

Concentre-se na respiração e visualize uma luz vermelha brilhante na base da coluna enquanto realiza a massagem, sentindo que cada movimento promove o aterramento e fortalece a conexão com a Terra. Esse trabalho na base do corpo ajuda a dissipar ansiedades e a criar uma base sólida de energia.

Chakra Sacral: Massagem para Criatividade e Fluidez O Chakra Sacral, situado abaixo do umbigo, está relacionado com a criatividade e as emoções. Para equilibrar esse chakra, aplique movimentos circulares suaves ao redor do abdômen inferior, na altura do quadril. Utilize as pontas dos dedos para aplicar uma leve pressão, promovendo o relaxamento e o estímulo dessa região.

Visualize uma luz laranja que preenche o abdômen, representando a fluidez e a liberdade emocional. Esse tipo de toque ajuda a liberar tensões emocionais acumuladas e a desbloquear a energia criativa. A prática regular dessa massagem promove a expressão saudável das emoções e fortalece o prazer e a conexão com o corpo.

Chakra do Plexo Solar: Massagem para Confiança e Poder Pessoal: O Plexo Solar, localizado na região do estômago, é o centro do poder pessoal e da autoconfiança. Para estimular esse chakra, aplique uma massagem circular e profunda na área do abdômen, entre o umbigo e o diafragma. Use os dedos em um movimento de "abrir", visualizando que cada movimento expande o espaço desse centro energético.

Visualize uma luz amarela radiante que cresce e se intensifica com cada toque, sentindo que a massagem promove força e determinação. Essa técnica ajuda a dissolver bloqueios relacionados à autoestima e ao poder pessoal, promovendo uma sensação de clareza e de confiança para a manifestação dos objetivos.

Chakra Cardíaco: Massagem para Amor e Compaixão O Chakra Cardíaco, localizado no centro do peito, é o centro do amor, da compaixão e da empatia. Para equilibrar esse chakra, posicione as palmas das mãos sobre o peito e faça movimentos circulares suaves e compassados, aplicando uma leve pressão. Esse toque gentil ajuda a relaxar a região e a promover uma sensação de paz e de abertura.

Visualize uma luz verde ou rosa irradiando do centro do peito e expandindo-se para todo o corpo, fortalecendo a energia do amor e da compaixão. Concentre-se em sentir gratidão e autoaceitação, permitindo que o toque gentil dissolva ressentimentos e promova a cura emocional. Essa massagem é especialmente eficaz para momentos de tristeza ou de sobrecarga emocional, pois ajuda a restaurar a harmonia e o equilíbrio interior.

Chakra Laríngeo: Massagem para Expressão e Verdade: O Chakra Laríngeo, situado na região da garganta, é responsável pela comunicação e pela expressão da verdade. Para estimular esse chakra, faça uma massagem suave na região do pescoço e da mandíbula, aplicando uma leve pressão com as pontas dos dedos. Utilize movimentos circulares e ascendentes, permitindo que a área relaxe e se expanda.

Visualize uma luz azul clara preenchendo a garganta e promovendo a abertura do centro de comunicação. Essa massagem ajuda a liberar tensões na garganta, dissolvendo bloqueios que dificultam a expressão autêntica. Praticá-la regularmente ajuda a melhorar a clareza da voz e a promover a comunicação verdadeira e compassiva.

Chakra Frontal (Terceiro Olho): Massagem para Intuição e Sabedoria: O Chakra Frontal, localizado entre as sobrancelhas, é o centro da intuição e da visão interior. Para estimular esse chakra, aplique uma pressão leve e circular com os dedos na área do Terceiro Olho, bem no centro da testa. Use movimentos lentos e rítmicos, permitindo que a mente se acalme e a percepção se expanda.

Visualize uma luz índigo que cresce a partir do Terceiro Olho, iluminando sua mente e fortalecendo sua intuição. Essa massagem ajuda a clarear pensamentos e a dissolver confusões mentais, promovendo uma conexão mais profunda com a sabedoria interior. A prática dessa técnica é especialmente útil antes de meditações ou em momentos de tomada de decisão.

Chakra Coronário: Massagem para Conexão Espiritual e Unidade: O Chakra Coronário, localizado no topo da cabeça, é o centro da conexão com o divino e com a consciência universal. Para estimular esse chakra, aplique uma leve pressão com a ponta dos dedos no couro cabeludo, movendo-os em círculos suaves e delicados. Esse toque sutil desperta a consciência e promove uma sensação de expansão.

Visualize uma luz branca ou violeta que se irradia do topo da cabeça, conectando-o ao universo. Essa massagem promove a paz e a integração, fortalecendo a conexão espiritual e ajudando a transcender preocupações mundanas. Praticá-la regularmente cria uma sensação de unidade e de paz interior, favorecendo o crescimento espiritual.

Integração da Auto-Massagem com a Respiração e a Visualização: A prática de auto-massagem pode ser intensificada com o uso da respiração consciente e da visualização. A cada toque ou pressão, inspire profundamente, visualizando a cor do chakra correspondente e permitindo que a energia flua pelo corpo. Com cada expiração, imagine que qualquer tensão ou bloqueio está sendo liberado, deixando o chakra limpo e revitalizado.

Essa integração da respiração e da visualização com a massagem potencializa o efeito terapêutico, promovendo um equilíbrio mais duradouro e profundo. A prática constante dessa técnica fortalece o fluxo de energia e permite que cada chakra opere em sua frequência ideal, promovendo harmonia e vitalidade.

Benefícios da Auto-Massagem para o Equilíbrio dos Chakras: Além de promover o bem-estar físico e mental, a auto-massagem ajuda a fortalecer a conexão com o próprio corpo e a desenvolver uma sensibilidade maior aos estados energéticos. Essa prática permite que cada pessoa cultive o autoconhecimento e fortaleça a própria capacidade de cura, promovendo uma vida equilibrada e consciente.

A auto-massagem regular é uma ferramenta de autocuidado que nutre e harmoniza os chakras, criando uma base sólida de saúde energética. Incorporá-la à rotina diária ou semanal é uma forma de manter o alinhamento e de promover um estado constante de paz e equilíbrio. Com o tempo, essa prática se torna uma aliada essencial no caminho do crescimento pessoal e do autoconhecimento.

Capítulo 31
Movimentos e Posturas para os Chakras

O movimento físico e as posturas corporais têm um impacto profundo sobre os chakras, promovendo a liberação de bloqueios e o equilíbrio energético. Cada chakra corresponde a uma área específica do corpo e, através de movimentos conscientes e de posturas de yoga direcionadas, é possível estimular o fluxo de energia em cada centro, fortalecendo a saúde física e a harmonia emocional e mental. Incorporar movimentos e posturas na prática de alinhamento dos chakras é uma forma de integrar corpo, mente e espírito, promovendo o equilíbrio completo e uma conexão mais profunda com o próprio ser.

A prática de movimentos conscientes e de posturas específicas permite que cada chakra se ative, ajudando a liberar energia estagnada e a promover o fluxo natural por todo o sistema energético. Essas posturas, quando praticadas com intenção e atenção à respiração, intensificam a capacidade de concentração e promovem o fortalecimento dos centros de energia. Além disso, a prática regular dessas posturas aumenta a flexibilidade e a força física, criando uma base sólida para a saúde e o bem-estar geral.

Para iniciar essa prática, escolha um ambiente tranquilo, onde você possa se concentrar plenamente. Prepare o espaço com elementos que inspirem calma, como uma luz suave e música instrumental, e use roupas confortáveis que permitam liberdade de movimento. A prática de movimentos e posturas para os chakras pode ser realizada em sequência, da base até o topo, ou de acordo com a necessidade específica de cada momento.

Chakra Raiz: Posturas de Aterramento e Estabilidade O Chakra Raiz, localizado na base da coluna, é responsável pela sensação de segurança e de ancoramento. As posturas que fortalecem o contato com a Terra são ideais para ativar e equilibrar esse chakra. A postura da Montanha (Tadasana) e a postura da Cadeira (Utkatasana) são especialmente eficazes para essa finalidade.

Na postura da Montanha, fique em pé com os pés juntos, firme-se ao chão e visualize raízes que descem de seus pés para dentro da Terra. Sinta a estabilidade do corpo e a segurança que essa postura oferece. Na postura da Cadeira, dobre os joelhos como se fosse sentar em uma cadeira imaginária, mantendo o peso nos calcanhares e erguendo os braços para o alto. Essas posturas fortalecem o Chakra Raiz, promovendo uma sensação de estabilidade e de conexão com o plano material.

Chakra Sacral: Posturas de Fluidez e Criatividade
O Chakra Sacral, situado abaixo do umbigo, está associado à energia criativa e às emoções. Posturas que trabalham a região pélvica e o movimento fluido são recomendadas para ativar esse chakra. A postura da Deusa (Utkata Konasana) e a postura do Pombo (Eka Pada Rajakapotasana) ajudam a liberar a energia dessa área.

Na postura da Deusa, afaste os pés além da largura dos ombros, com os dedos apontando para fora, e dobre os joelhos em um ângulo de 90 graus, baixando os quadris. Esse movimento promove a flexibilidade e a liberação emocional. Na postura do Pombo, traga uma perna para a frente, dobrada à frente do corpo, e estenda a outra perna para trás. Essa postura promove a abertura dos quadris e estimula a energia criativa do Chakra Sacral.

Chakra do Plexo Solar: Posturas de Força e Confiança
O Chakra do Plexo Solar, localizado no abdômen, é o centro do poder pessoal e da autoconfiança. Posturas que fortalecem o abdômen e o centro do corpo são ideais para ativá-lo. A postura da prancha (Phalakasana) e a postura do barco (Navasana) são recomendadas para fortalecer e equilibrar o Plexo Solar.

Na postura da prancha, apoie as mãos e os pés no chão, mantendo o corpo em linha reta, ativando os músculos abdominais e respirando profundamente. Na postura do barco, sente-se com as pernas estendidas e eleve os pés, formando um "V" com o corpo, com os braços estendidos à frente. Essas posturas ativam a área do abdômen e promovem autoconfiança e determinação.

Chakra Cardíaco: Posturas de Abertura e Amor
O Chakra Cardíaco, localizado no centro do peito, é o centro do amor e da compaixão. Posturas que expandem o peito e promovem a abertura do coração são ideais para equilibrá-lo. A postura do camelo (Ustrasana) e a postura da ponte (Setu Bandhasana) são recomendadas para estimular esse chakra.

Na postura do camelo, ajoelhe-se e incline-se para trás, segurando os calcanhares com as mãos enquanto eleva o peito e abre o coração para o céu. Na postura da ponte, deite-se de costas, dobre os joelhos e levante os quadris, apoiando-se nos pés e nos ombros. Essas posturas ajudam a liberar emoções reprimidas e promovem um estado de paz e de compaixão.

Chakra Laríngeo: Posturas de Expressão e Clareza
O Chakra Laríngeo, localizado na região da garganta, está ligado à comunicação e à expressão da verdade. Posturas que envolvem a extensão da garganta são ideais para ativá-lo. A postura do peixe (Matsyasana) e a postura do leão (Simhasana) são eficazes para esse chakra.

Na postura do peixe, deite-se de costas, arqueie as costas e incline a cabeça para trás, apoiando-se nos antebraços e no topo da cabeça. Essa postura abre a garganta e promove a expressão clara. Na postura do leão, sente-se com os joelhos dobrados, incline o tronco para frente, coloque as mãos no chão e abra a boca, emitindo um som profundo. Essas posturas promovem a liberação da energia na garganta e fortalecem a comunicação.

Chakra Frontal: Posturas de Intuição e Concentração
O Chakra Frontal, ou Terceiro Olho, localizado entre as sobrancelhas, é o centro da intuição e da sabedoria. Posturas que estimulam a cabeça e promovem a concentração são recomendadas para ativar esse chakra. A postura da criança (Balasana) e a postura de cabeça (Sirsasana) são ideais para trabalhar o Chakra Frontal.

Na postura da criança, sente-se sobre os calcanhares, incline-se para frente e estenda os braços para frente, repousando a testa no chão. Na postura de cabeça, apóie a cabeça e os antebraços no chão e eleve o corpo em linha reta. Essas posturas ajudam a clarear a mente e a intensificar a percepção intuitiva.

Chakra Coronário: Posturas de Unidade e Conexão Espiritual: O Chakra Coronário, situado no topo da cabeça, é o centro da conexão espiritual e da consciência universal. Posturas de meditação e de inversão são recomendadas para ativá-lo. A postura do lótus (Padmasana) e a postura da vela (Sarvangasana) são ideais para equilibrar o Chakra Coronário.

Na postura do lótus, sente-se com as pernas cruzadas e os pés sobre as coxas opostas, mantendo a coluna ereta. Essa postura promove um estado de paz e elevação espiritual. Na postura da vela, deite-se de costas, eleve as pernas e o tronco, apoiando-se nos ombros com as mãos nas costas. Essa postura estimula o fluxo de energia para o Chakra Coronário, promovendo a conexão com o divino.

Integração da Respiração com os Movimentos e Posturas: A respiração consciente é essencial durante a prática de movimentos e posturas para os chakras. Cada respiração ajuda a intensificar o fluxo de energia e a manter a mente focada, potencializando os benefícios físicos e energéticos de cada postura. Inspire profundamente ao entrar na postura e expire ao relaxar, visualizando a energia fluindo através do chakra correspondente.

A prática de posturas em sequência, acompanhada de uma respiração consciente e de visualização das cores dos chakras, promove um alinhamento profundo e um estado de paz e de harmonia. Essa integração fortalece o corpo e o espírito, promovendo um equilíbrio entre o mundo interno e externo.

Benefícios da Prática Regular de Movimentos e Posturas para os Chakras: A prática regular de movimentos e posturas específicas para os chakras fortalece não só o corpo físico, mas também os aspectos emocionais e espirituais, promovendo uma vida mais consciente e equilibrada. Ao integrar essa prática à rotina, cada pessoa fortalece a conexão consigo mesma, despertando a própria energia vital e cultivando um estado de plenitude.

Essa prática é uma ferramenta poderosa para o autoconhecimento, pois cada postura e movimento oferece uma oportunidade de introspecção e de cura. Com o tempo, a prática de posturas para os chakras se torna uma jornada de crescimento e de transformação, promovendo uma saúde holística e uma conexão constante com a energia universal.

Capítulo 32
Banhos de Purificação e Limpeza Energética

Os banhos de purificação e limpeza energética são práticas milenares que promovem o equilíbrio e a revitalização do campo áurico e dos chakras. Desde as antigas civilizações, o poder dos elementos, especialmente da água, tem sido utilizado para remover energias densas, dissolver bloqueios emocionais e restaurar a harmonia interior. Ao incorporar elementos como sal grosso, ervas e óleos essenciais, o banho de purificação torna-se um ritual sagrado de renovação, capaz de limpar o corpo e a mente de energias indesejadas e fortalecer o fluxo dos chakras.

A água é um dos elementos mais poderosos para a limpeza energética, pois ela carrega a capacidade de absorver e dissipar as vibrações acumuladas. Quando intencionamos esse processo de limpeza, nos conectamos com o elemento água para remover cargas e impressões que podem ter se acumulado ao longo do tempo. Este tipo de banho pode ser feito em ocasiões especiais, como em momentos de renovação, após situações emocionalmente desgastantes ou simplesmente como um ato de autocuidado e fortalecimento do campo energético.

A Importância do Sal Grosso na Purificação Energética: O sal grosso é um elemento essencial em banhos de limpeza devido às suas propriedades purificadoras e à capacidade de absorver energias densas. Ele é amplamente utilizado em práticas espirituais por sua força em neutralizar vibrações negativas e restaurar a pureza do campo energético. Ao usar o sal grosso em um banho, estamos simbolicamente dissolvendo as influências que bloqueiam os chakras, permitindo que a energia flua livremente por todo o corpo.

Para realizar um banho com sal grosso, encha a banheira ou um recipiente com água morna e adicione um punhado de sal. Ao entrar na água, feche os olhos e visualize que o sal está dissolvendo as cargas densas, limpando cada um dos chakras, desde o Chakra Raiz até o Chakra Coronário. Imagine que cada chakra é purificado pela energia do sal, removendo bloqueios e restaurando o equilíbrio. Esse processo ajuda a descarregar tensões e a promover uma sensação de leveza e de proteção.

Ervas e Plantas para a Limpeza dos Chakras: A inclusão de ervas nos banhos de purificação é uma prática comum, pois cada planta carrega uma energia e uma vibração específica que influencia diretamente os chakras. Plantas como arruda, alecrim e manjericão são amplamente utilizadas para a limpeza e a proteção, enquanto a lavanda e a camomila promovem a paz e o equilíbrio emocional.

Para preparar o banho, selecione ervas frescas ou secas e prepare uma infusão em água quente, como se fosse um chá concentrado. Depois de alguns minutos, coe a mistura e adicione-a à água do banho. Ao mergulhar no banho, visualize que a essência das ervas envolve o corpo e os chakras, dissolvendo qualquer bloqueio energético e promovendo uma sensação de calma e de harmonia. A arruda, por exemplo, é excelente para dissolver energias densas, enquanto o alecrim promove vitalidade e clareza mental, ajudando a restaurar o Chakra Frontal.

Óleos Essenciais para a Revitalização Energética: Os óleos essenciais trazem a essência concentrada das plantas e possuem propriedades terapêuticas que atuam diretamente sobre os chakras. Cada óleo essencial ressoa com frequências que influenciam o campo áurico e ajudam a fortalecer o equilíbrio dos centros de energia. Óleos como lavanda, eucalipto, ylang-ylang e sândalo são ótimos para banhos de limpeza e harmonização energética.

Para utilizar óleos essenciais no banho, adicione algumas gotas de óleo diretamente na água morna e misture bem antes de entrar. A lavanda é calmante e indicada para o Chakra Cardíaco, promovendo a paz e a harmonia. O eucalipto é purificador e auxilia na abertura do Chakra Laríngeo, enquanto o ylang-ylang atua no Chakra Sacral, promovendo a expressão emocional e a criatividade. Durante o banho, inspire profundamente e visualize os chakras sendo preenchidos pela essência dos óleos, promovendo uma limpeza profunda e restauradora.

Banho de Cristais para Alinhamento Energético: Os cristais também podem ser incorporados aos banhos de purificação, pois suas vibrações influenciam o campo energético e promovem o alinhamento dos chakras. Pedras como a ametista, o quartzo rosa e a selenita possuem propriedades específicas que limpam e energizam. A ametista é conhecida por sua capacidade de purificação espiritual, sendo indicada para o Chakra Frontal. O quartzo rosa atua no Chakra Cardíaco, promovendo o amor e a compaixão, enquanto a selenita é excelente para o Chakra Coronário, favorecendo a conexão espiritual.

Para usar cristais no banho, posicione as pedras nas bordas da banheira ou em recipientes próximos, de forma que elas transmitam sua energia ao campo áurico. Visualize que as vibrações dos cristais estão harmonizando os chakras, dissolvendo bloqueios e promovendo o fluxo de energia. Essa prática é poderosa para momentos de meditação e de introspecção, ajudando a criar um espaço sagrado para a renovação interior.

Ritual de Intenção para o Banho de Purificação: A intenção é um aspecto central de qualquer prática de purificação energética, pois ela direciona o foco e a força espiritual para o processo de limpeza. Antes de iniciar o banho, reserve alguns minutos para definir uma intenção clara sobre o que deseja alcançar, seja liberar energias densas, restaurar o equilíbrio dos chakras ou fortalecer sua proteção energética.

Uma forma de definir a intenção é através de uma breve meditação. Feche os olhos, respire profundamente e mentalize aquilo que deseja purificar ou fortalecer em seu campo energético. Enquanto se banha, mantenha essa intenção em mente, visualizando que a água está dissolvendo e levando embora qualquer energia indesejada, deixando o corpo e os chakras purificados e revitalizados.

Banhos Específicos para Cada Chakra: Os banhos de purificação podem ser direcionados para chakras específicos, usando ingredientes e práticas que ressoem com cada centro de energia. Abaixo, estão sugestões de banhos específicos para cada chakra:

Chakra Raiz: Use sal grosso, arruda e óleo essencial de cedro para promover a segurança e o aterramento. Visualize raízes fortes e profundas enquanto se banha.

Chakra Sacral: Utilize canela, hibisco e óleo de ylang-ylang para despertar a criatividade e as emoções. Concentre-se na área abaixo do umbigo, visualizando uma luz laranja.

Chakra do Plexo Solar: Adicione alecrim, camomila e óleo de limão ao banho para fortalecer o poder pessoal e a autoconfiança. Visualize uma luz amarela brilhando no abdômen.

Chakra Cardíaco: Use pétalas de rosa, manjericão e óleo de lavanda para abrir o coração e promover o amor. Visualize uma luz verde ou rosa irradiando do centro do peito.

Chakra Laríngeo: Experimente folhas de hortelã, eucalipto e óleo essencial de camomila para estimular a comunicação. Visualize uma luz azul clara na região da garganta.

Chakra Frontal: Prepare um banho com sálvia, lavanda e óleo essencial de olíbano para despertar a intuição. Visualize uma luz índigo no centro da testa.

Chakra Coronário: Use sândalo, flor de lótus e óleo de sândalo para a conexão espiritual. Visualize uma luz violeta no topo da cabeça.

Finalização do Banho e Integração da Energia: Após o banho, reserve alguns momentos para permanecer em silêncio, sentindo os efeitos da purificação. Permita-se relaxar e sentir a leveza que acompanha a remoção das energias densas. Enxugue-se suavemente, permitindo que a água finalize seu trabalho de purificação e de renovação.

Para integrar a energia do banho, sente-se em uma posição confortável e feche os olhos, respirando profundamente. Visualize os chakras como centros luminosos e alinhados, cada um irradiando sua cor e frequência naturais. Sinta que todo o campo energético está harmonizado e fortalecido, preparado para o próximo ciclo de experiências e de crescimento.

Benefícios da Prática Regular de Banhos de Purificação: A prática regular de banhos de purificação promove uma vida mais equilibrada e consciente, ajudando a manter o campo energético limpo e os chakras em harmonia. Esses banhos são especialmente benéficos para aqueles que buscam maior conexão com o Sagrado Feminino e com o poder da natureza, promovendo uma reconexão com a essência espiritual e fortalecendo o caminho de autoconhecimento.

Incorporar o ritual de banhos de purificação à rotina semanal ou mensal é uma forma poderosa de nutrir o corpo, a mente e o espírito, promovendo uma vida em harmonia com os ciclos da natureza e com o fluxo energético universal.

Capítulo 33
Oração e Mantras para Alinhamento

A prática da oração e do uso de mantras é uma ferramenta poderosa para promover o equilíbrio dos chakras e fortalecer a conexão espiritual. Esses métodos, presentes em diversas tradições, utilizam o poder da palavra e da entonação para vibrar e harmonizar os centros energéticos. Ao integrar orações e mantras no cotidiano, é possível desbloquear, alinhar e revitalizar cada chakra, promovendo um estado de paz, harmonia e elevação espiritual.

As palavras carregam uma energia própria, e a repetição de mantras e orações produz uma ressonância que ativa o fluxo energético e cria um campo vibracional de equilíbrio. Tanto as orações quanto os mantras atuam nos chakras de maneira profunda, ajudando a dissolver bloqueios e a elevar a frequência vibracional. Essas práticas não apenas purificam a mente e o coração, mas também conduzem a um estado de unidade e de consciência expandida, onde o corpo e o espírito se conectam com o divino.

A Oração como Conexão Espiritual e Equilíbrio dos Chakras: A oração é um ato de comunicação com o sagrado e, quando direcionada com intenção, ela fortalece o alinhamento dos chakras, promovendo um estado de paz e serenidade. Cada chakra responde a uma oração específica que pode ser usada para purificar e equilibrar seu campo energético. A prática da oração permite que cada palavra ressoe profundamente, abrindo o coração e liberando emoções que bloqueiam o fluxo natural de energia.

Para começar uma prática de oração direcionada aos chakras, sente-se em um local tranquilo e defina uma intenção clara. Escolha orações que ressoem com o coração, sejam elas tradicionais ou pessoais, e comece pelo Chakra Raiz, elevando-se gradualmente até o Chakra Coronário. A cada oração, visualize a luz correspondente ao chakra preenchendo o centro e irradiando-se pelo corpo.

Mantras: A Vibração Sonora para a Harmonia dos Chakras: Os mantras são palavras ou sílabas sagradas que carregam uma vibração única, promovendo o equilíbrio dos chakras através do som. Cada chakra responde a um mantra específico, que atua diretamente em sua frequência energética. Esses mantras, quando repetidos com concentração, criam um campo de ressonância que harmoniza o corpo, a mente e o espírito.

A prática de mantras começa com a entonação vocal e pode ser feita de forma individual para cada chakra ou como um ciclo completo de alinhamento. Inspire profundamente antes de iniciar o mantra e expire ao pronunciar o som, permitindo que a vibração se propague pelo corpo. A repetição constante cria um estado de meditação, onde o fluxo energético se intensifica e os chakras se alinham.

Mantras e Oráculos para Cada Chakra: Cada chakra possui um mantra específico que ressoa com sua frequência e promove o desbloqueio e a revitalização. Esses mantras, originários da tradição do yoga e do hinduísmo, são sons que reverberam nos centros de energia, ativando suas funções e promovendo o equilíbrio:

Chakra Raiz: LAM: O mantra "LAM" conecta o Chakra Raiz com a Terra, promovendo segurança e estabilidade. Entoe o som enquanto visualiza uma luz vermelha na base da coluna. Esse mantra ajuda a ancorar e a estabilizar o corpo físico, dissipando medos e inseguranças.

Chakra Sacral: VAM: O mantra "VAM" ativa o Chakra Sacral, promovendo a criatividade e a expressão emocional. Enquanto entoa o som, visualize uma luz laranja que preenche a área abaixo do umbigo. Esse mantra libera bloqueios emocionais e fortalece a energia criativa.

Chakra do Plexo Solar: RAM: O mantra "RAM" ressoa com o Chakra do Plexo Solar, promovendo a autoconfiança e o poder pessoal. Visualize uma luz amarela brilhando no abdômen enquanto entoa o som. Esse mantra intensifica a força interior e dissipa dúvidas e inseguranças.

Chakra Cardíaco: YAM: O mantra "YAM" é o som do Chakra Cardíaco, que promove o amor e a compaixão. Visualize uma luz verde ou rosa preenchendo o centro do peito enquanto repete o mantra. Esse som ajuda a dissolver mágoas e a promover a cura emocional.

Chakra Laríngeo: HAM: O mantra "HAM" ativa o Chakra Laríngeo, estimulando a comunicação clara e verdadeira. Visualize uma luz azul clara na garganta enquanto entoa o som, sentindo que a expressão autêntica se fortalece e a comunicação flui naturalmente.

Chakra Frontal: OM: O mantra "OM" é o som do Chakra Frontal e promove a clareza mental e a intuição. Visualize uma luz índigo no centro da testa e permita que o som do mantra intensifique a percepção e o discernimento. Esse mantra desperta a visão interior e conecta com a sabedoria espiritual.

Chakra Coronário: Silêncio: O Chakra Coronário responde ao silêncio, à contemplação e à paz interior. Após os mantras, permaneça em silêncio e visualize uma luz branca ou violeta no topo da cabeça. Esse estado de silêncio é o mantra do Chakra Coronário, promovendo a unidade e a conexão espiritual.

Integração dos Mantras e das Orações no Cotidiano: A prática regular dos mantras e orações para os chakras cria uma base de equilíbrio e de proteção espiritual. Essas práticas podem ser feitas no início do dia, como forma de preparar o campo energético, ou ao final, para promover uma limpeza e uma reconexão com o próprio centro. Além disso, ao repetir os mantras e orações regularmente, o estado mental e emocional tende a se estabilizar, permitindo maior clareza e paz interior.

Uma maneira simples de integrar os mantras e as orações ao cotidiano é reservando alguns minutos diários para essa prática, seja ao acordar ou antes de dormir. A repetição contínua cria uma ressonância que permanece ao longo do dia, fortalecendo o campo energético e promovendo um estado de presença e de autoconfiança.

Respiração e Visualização Durante a Prática dos Mantras: A respiração profunda e a visualização são aliados poderosos durante a entonação dos mantras. Cada respiração conecta o corpo ao espírito, fortalecendo a energia dos chakras. Ao inspirar, imagine que a energia do universo flui para dentro de cada chakra, promovendo a vitalidade. Ao expirar, visualize que a energia se expande, preenchendo o corpo e o campo áurico com luz.

A respiração consciente potencializa a prática, pois cada expiração é uma forma de liberar tensões e cada inspiração fortalece o centro de energia. A visualização da cor correspondente ao chakra, combinada com o mantra, ajuda a criar uma conexão mais profunda com cada centro, promovendo a cura e a revitalização do corpo e da mente.

Benefícios da Prática de Mantras e Orações para os Chakras: A prática de mantras e orações para os chakras oferece inúmeros benefícios, incluindo a harmonização do campo energético, a elevação da vibração e o fortalecimento da conexão espiritual. Cada mantra e oração atua em camadas profundas da psique e da energia, promovendo a cura de bloqueios emocionais e mentais.

Essa prática constante favorece a autotransformação, ajudando a dissolver padrões e a fortalecer a própria essência. Além de fortalecer o equilíbrio dos chakras, os mantras e orações promovem uma maior compreensão de si mesmo e do próprio propósito. Eles atuam como uma âncora, trazendo à tona a paz e o poder pessoal, e promovem uma conexão direta com o divino e o Sagrado Feminino.

Reflexão Final sobre a Prática de Mantras e Orações: Os mantras e as orações são portais que nos conectam ao sagrado e ao nosso potencial mais elevado. Integrar essa prática ao dia a dia é cultivar um estado de paz e de autoconhecimento que fortalece não só os chakras, mas também o espírito. A regularidade e a intenção colocada em cada palavra e em cada som são elementos que intensificam o processo de cura e promovem o equilíbrio entre corpo, mente e espírito.

Com o tempo, essa prática se torna um espaço sagrado de introspecção e de crescimento espiritual, onde cada mantra e oração conduzem a uma expansão da consciência e a um estado de harmonia com o universo. Ao fortalecer essa conexão, cada pessoa encontra em si mesma a paz, a segurança e a clareza para trilhar o caminho de autoconhecimento e de conexão com o Sagrado Feminino.

Capítulo 34
Práticas de Gratidão e Autorreflexão

A gratidão e a autorreflexão são práticas que nutrem o espírito, promovem o autoconhecimento e fortalecem o equilíbrio energético dos chakras. Através dessas práticas, é possível cultivar uma mentalidade de aceitação, paz e abertura, permitindo que as energias fluam de maneira harmoniosa pelos centros energéticos. Quando expressamos gratidão, elevamos nossa frequência vibracional, o que purifica o campo áurico e fortalece os chakras, especialmente o Chakra Cardíaco. Já a autorreflexão nos convida a mergulhar profundamente no próprio ser, revelando padrões e emoções que podem estar bloqueando o fluxo natural de energia.

Essas práticas, quando realizadas de maneira consciente e regular, criam um ambiente interno propício para o crescimento pessoal e espiritual. A gratidão nos conecta ao presente e ao fluxo da vida, enquanto a autorreflexão ilumina nossas sombras e revela aspectos de nós mesmos que necessitam de atenção e cura. Juntas, essas práticas nos ajudam a construir uma base sólida para o autoconhecimento e a transformação, promovendo um alinhamento mais profundo entre o corpo, a mente e o espírito.

A Prática da Gratidão para o Equilíbrio dos Chakras: A gratidão é uma prática poderosa que ativa e harmoniza os chakras, especialmente o Chakra Cardíaco. Quando expressamos gratidão, nosso coração se abre e uma vibração elevada permeia nosso campo energético, purificando e equilibrando cada centro. A prática de gratidão não apenas nos conecta ao bem-estar, mas também dissolve sentimentos de escassez, ansiedade e apego, que muitas vezes bloqueiam o fluxo dos chakras.

Para iniciar a prática de gratidão, reserve um momento diário para refletir sobre as bênçãos e as experiências pelas quais é grato. Este momento pode ocorrer logo pela manhã, antes de iniciar as atividades, ou ao final do dia, como forma de encerrar com uma reflexão positiva. Mentalmente ou por escrito, enumere tudo aquilo que traz alegria e aprendizado, mesmo que sejam pequenas coisas. Sinta cada palavra e permita que o Chakra Cardíaco se expanda, irradiando uma energia de amor e compaixão.

A prática de gratidão pode ser intensificada através de um diário de gratidão, onde diariamente se registra as coisas pelas quais se é grato. Este registro ajuda a criar um hábito e a manter a mente focada nos aspectos positivos da vida. Além disso, a prática regular de gratidão fortalece o campo áurico, proporcionando uma proteção natural contra influências externas e ajudando a manter os chakras alinhados.

A autorreflexão é uma prática essencial para aqueles que buscam compreender melhor a si mesmos e os ciclos de vida que afetam o equilíbrio energético. Ela nos permite explorar e examinar pensamentos, emoções e comportamentos, revelando padrões e bloqueios que podem estar influenciando os chakras. A autorreflexão atua como uma luz que ilumina as áreas menos conscientes do ser, promovendo a cura e a transformação.

Para começar, escolha um momento tranquilo e confortável para se dedicar à autorreflexão. Pode ser útil ter um caderno específico para anotar insights e pensamentos que surgirem durante a prática. Inicie refletindo sobre eventos, sentimentos ou comportamentos recentes e pergunte a si mesmo como eles afetam sua energia e seus chakras. Questione-se sobre os medos e as inseguranças que surgem, sobre as emoções reprimidas e os desejos não realizados.

Essa prática de autoanálise nos ajuda a identificar bloqueios nos chakras, revelando áreas que necessitam de atenção e cura. Ao reconhecer e compreender essas dinâmicas internas, nos capacitamos a fazer escolhas mais conscientes e a cultivar um estado de paz e harmonia. Essa prática de introspecção é especialmente benéfica para o Chakra Frontal, promovendo a clareza mental e o fortalecimento da intuição.

Integração da Gratidão e da Autorreflexão com a Visualização dos Chakras: A visualização é uma técnica poderosa que intensifica as práticas de gratidão e autorreflexão, ajudando a integrar os insights e as energias nos chakras. Durante a prática de gratidão, visualize o Chakra Cardíaco irradiando uma luz verde ou rosa que se expande por todo o corpo, como uma manifestação da gratidão e do amor. Essa luz envolve cada chakra, purificando e fortalecendo sua energia.

Na autorreflexão, a visualização pode ser usada para identificar e dissolver bloqueios. Imagine cada chakra como uma esfera de luz, e ao se concentrar em cada um, visualize a dissolução de sombras e de tensões. Essa prática promove uma liberação consciente das emoções e dos pensamentos limitantes, criando espaço para que a energia vital flua livremente e de forma equilibrada.

Exercício de Respiração para Potencializar a Gratidão e a Autorreflexão: A respiração consciente é uma prática que auxilia no aprofundamento da gratidão e da autorreflexão, promovendo um estado de calma e presença. Ao respirar profundamente, nos conectamos ao presente e ao nosso centro, o que facilita a compreensão dos sentimentos e das experiências. A cada inspiração, imagine que você está absorvendo luz e paz, e a cada expiração, libere qualquer tensão acumulada.

Para potencializar a gratidão, inspire sentindo o coração se expandir e, ao expirar, mentalize pensamentos de gratidão por tudo o que está presente em sua vida. Essa respiração auxilia na ativação do Chakra Cardíaco e promove uma sensação de acolhimento e de conexão com o universo.

Durante a autorreflexão, pratique a respiração consciente para acalmar a mente e permitir que os pensamentos e emoções surjam de forma clara. Cada expiração ajuda a liberar medos e inseguranças, criando um espaço de aceitação e entendimento. Essa técnica fortalece o Chakra Frontal, promovendo uma visão clara e uma mente tranquila.

Diário Espiritual para o Registro de Reflexões e Sentimentos: Manter um diário espiritual é uma ferramenta valiosa para registrar sentimentos, pensamentos e insights que surgem durante a prática de gratidão e autorreflexão. Este diário permite que você acompanhe seu progresso, observe padrões e celebre as transformações ao longo do tempo. Escrever sobre suas experiências e reflexões promove o autoconhecimento e ajuda a entender como cada chakra responde a diferentes situações.

Reserve um momento diário ou semanal para registrar o que veio à tona durante suas práticas. Anote as áreas em que percebe progresso, os desafios enfrentados e as emoções liberadas. Esse processo de escrita permite que cada aspecto observado se torne parte de uma jornada maior de crescimento e de conexão com o Sagrado Feminino e com o próprio ser.

Benefícios Espirituais e Energéticos das Práticas de Gratidão e Autorreflexão: A gratidão e a autorreflexão não apenas promovem o equilíbrio energético, mas também fortalecem a conexão com o sagrado, permitindo que cada pessoa se alinhe com o fluxo natural da vida. A prática constante de gratidão nos ensina a viver o presente e a valorizar cada experiência, promovendo um estado de paz e de harmonia interior.

A autorreflexão, por sua vez, permite que cada um compreenda suas emoções e pensamentos de forma mais profunda, promovendo a cura e o fortalecimento dos chakras. Juntas, essas práticas criam um caminho de autoconhecimento e de cura, onde cada chakra é revitalizado e onde cada desafio é transformado em aprendizado.

Transformando a Gratidão e a Autorreflexão em Práticas Diárias: Incorporar a gratidão e a autorreflexão ao dia a dia é uma forma de manter o campo energético purificado e de promover um equilíbrio duradouro dos chakras. Ao praticar a gratidão, seja por meio de palavras, meditações ou diários, fortalecemos o campo áurico e promovemos uma proteção natural contra energias densas. A autorreflexão, ao ser cultivada regularmente, permite que cada um viva com maior clareza e propósito.

Com o tempo, essas práticas se tornam uma parte essencial da jornada espiritual, ajudando a cada pessoa a viver com consciência e equilíbrio. Elas promovem uma base de serenidade e de autoconfiança, fortalecendo o vínculo com o próprio espírito e com o universo.

Considerações Finais sobre a Importância da Gratidão e da Autorreflexão: A prática da gratidão e da autorreflexão é um portal para o autoconhecimento e para o equilíbrio energético. Ao cultivar a gratidão, abrimos o coração e fortalecemos o fluxo de energia, promovendo uma vida em harmonia com o universo. A autorreflexão ilumina os aspectos mais profundos do ser, promovendo a cura e o alinhamento dos chakras e ajudando a cada pessoa a viver com clareza e propósito.

Essas práticas, quando integradas ao cotidiano, criam uma base sólida para o desenvolvimento espiritual e para o fortalecimento da conexão com o Sagrado Feminino. Através da gratidão e da autorreflexão, cada um encontra em si mesmo um ponto de apoio, um espaço de paz e uma fonte constante de sabedoria e transformação.

Capítulo 35
Sonhos e Chakras

Os sonhos são portas para o inconsciente e refletem aspectos profundos de nossas emoções, pensamentos e energias. Assim como os chakras representam diferentes dimensões do nosso ser, os sonhos atuam como mensageiros, revelando o estado de equilíbrio ou desequilíbrio dos centros energéticos. Quando aprendemos a observar e interpretar os sonhos, eles podem nos fornecer insights sobre os bloqueios e as energias que influenciam cada chakra, revelando caminhos de cura e de autoconhecimento.

A relação entre os sonhos e os chakras é rica e complexa. Os sonhos nos ajudam a acessar conteúdos ocultos, como memórias, medos e desejos, que estão ligados aos centros de energia. Sonhos intensos, repetitivos ou simbólicos podem ser sinais de que determinado chakra precisa de atenção, e ao explorar essas mensagens, conseguimos compreender melhor nossos estados emocionais, mentais e espirituais. Cada chakra pode se manifestar de forma única através dos sonhos, e, ao aprender a interpretar essas manifestações, nos aproximamos de uma compreensão mais profunda do nosso mundo interior.

A Importância do Diário de Sonhos no Autoconhecimento Energético: Manter um diário de sonhos é uma prática poderosa para aqueles que desejam entender como os sonhos se relacionam com os chakras. Ao registrar os sonhos, conseguimos identificar padrões, símbolos e emoções que refletem o estado de cada centro energético. O diário de sonhos permite acompanhar a evolução de bloqueios e de energias ao longo do tempo, fornecendo um recurso valioso para o autoconhecimento e para o equilíbrio energético.

Ao acordar, anote imediatamente todos os detalhes que lembrar do sonho, incluindo personagens, ambientes, sensações e cores. Cada um desses elementos pode estar relacionado a um chakra específico. Por exemplo, sonhos que envolvem situações de insegurança ou que ocorrem em locais escuros podem refletir o estado do Chakra Raiz, enquanto sonhos com figuras maternas ou água podem estar associados ao Chakra Sacral. Ao revisar o diário, observe quais chakras parecem mais ativos ou mais bloqueados e use essas informações para direcionar práticas de cura.

Sonhos Relacionados ao Chakra Raiz: Segurança e Estabilidade: O Chakra Raiz está ligado à sobrevivência, à segurança e ao ancoramento, e ele se manifesta em sonhos de maneira relacionada ao medo, à estabilidade e à base. Sonhos de queda, perseguição ou perda podem indicar bloqueios no Chakra Raiz, revelando inseguranças ou preocupações em relação à vida material ou ao futuro. Por outro lado, sonhos que envolvem paisagens naturais, montanhas e árvores saudáveis refletem um Chakra Raiz equilibrado, onde a pessoa se sente segura e ancorada.

Ao identificar esses temas em seus sonhos, é possível trabalhar diretamente com o Chakra Raiz para promover o equilíbrio. Práticas de aterramento, visualização de raízes e meditações com a cor vermelha podem ajudar a fortalecer esse centro energético e a reduzir o impacto de medos inconscientes.

Sonhos Relacionados ao Chakra Sacral: Emoções e Criatividade: O Chakra Sacral, responsável pela criatividade e pelas emoções, se manifesta em sonhos através de temas de prazer, desejo e relações interpessoais. Sonhos de natureza sensual, de conexão com a água ou de expressão artística indicam um Chakra Sacral ativo e equilibrado. No entanto, se o sonho envolver situações de repressão, culpa ou bloqueio emocional, isso pode sinalizar que o Chakra Sacral precisa de atenção.

Para equilibrar o Chakra Sacral, explore práticas que promovam a expressão emocional e a criatividade, como a dança e a arte. Meditações com a cor laranja e o uso de afirmações positivas para a autoexpressão também ajudam a harmonizar esse chakra, promovendo a liberação de bloqueios emocionais.

Sonhos Relacionados ao Chakra do Plexo Solar: Poder e Autoestima: O Chakra do Plexo Solar é o centro do poder pessoal e da autoestima, e ele se manifesta em sonhos através de temas de liderança, força e autoconfiança. Sonhar com situações de conflito, fracasso ou crítica pode indicar um desequilíbrio nesse chakra, enquanto sonhos de superação, de realização ou de domínio sobre situações difíceis indicam um Chakra do Plexo Solar fortalecido.

Esses sonhos nos ajudam a identificar crenças limitantes e padrões de insegurança que precisam ser trabalhados. Para equilibrar o Plexo Solar, utilize práticas de visualização com luz dourada e afirmações para fortalecer a autoconfiança e o poder pessoal. Exercícios de respiração profunda e atividades físicas que fortalecem o abdômen também ajudam a revitalizar esse centro energético.

Sonhos Relacionados ao Chakra Cardíaco: Amor e Relacionamentos: O Chakra Cardíaco, localizado no centro do peito, é o centro do amor, da empatia e das relações. Sonhos envolvendo pessoas queridas, situações de perdão ou de união simbolizam um Chakra Cardíaco equilibrado. No entanto, sonhos de perda, rejeição ou dor emocional indicam que esse chakra pode estar bloqueado, refletindo mágoas e ressentimentos não resolvidos.

Para equilibrar o Chakra Cardíaco, práticas de amor-próprio, meditações com luz verde ou rosa e a prática do perdão são essenciais. Cultivar a gratidão e expressar compaixão nas relações diárias também ajudam a curar as feridas emocionais, promovendo uma abertura amorosa e harmoniosa do coração.

Sonhos Relacionados ao Chakra Laríngeo: Comunicação e Verdade: O Chakra Laríngeo é o centro da expressão e da comunicação, e ele se manifesta em sonhos que envolvem falar, ouvir ou se expressar. Sonhos em que a pessoa tenta falar, mas não consegue, ou se sente ignorada podem indicar bloqueios nesse chakra. Por outro lado, sonhos em que há diálogos claros, expressões artísticas ou discursos indicam um Chakra Laríngeo equilibrado e aberto.

Esses sonhos refletem a capacidade de comunicar a própria verdade e de ouvir os outros com empatia. Para equilibrar o Chakra Laríngeo, pratique meditações com a cor azul e utilize afirmações de expressão verdadeira. Cantar, escrever e praticar a comunicação assertiva também ajudam a fortalecer esse centro de energia.

Sonhos Relacionados ao Chakra Frontal: Intuição e Sabedoria: O Chakra Frontal, ou Terceiro Olho, está ligado à intuição e à visão interior. Sonhos com temas místicos, experiências visuais intensas ou insights profundos indicam que esse chakra está ativo e equilibrado. No entanto, sonhos confusos, de perda de direção ou de escuridão podem sinalizar bloqueios nesse centro, refletindo falta de clareza e intuição prejudicada.

Para equilibrar o Chakra Frontal, pratique a meditação e a visualização, concentrando-se na cor índigo. Conectar-se com a natureza e cultivar momentos de silêncio e introspecção também fortalecem a intuição e promovem a clareza mental. A prática de mantras como "OM" pode ser benéfica para abrir o Terceiro Olho e melhorar a visão espiritual.

Sonhos Relacionados ao Chakra Coronário: Unidade e Conexão Espiritual: O Chakra Coronário é o centro de nossa conexão com o divino e com a consciência universal. Sonhos de natureza espiritual, como encontros com figuras divinas, experiências de luz ou de unidade com o universo indicam um Chakra Coronário equilibrado. No entanto, sonhos que revelam isolamento, desconexão ou uma sensação de vazio podem refletir bloqueios nesse chakra, indicando a necessidade de fortalecer a espiritualidade.

Para equilibrar o Chakra Coronário, pratique a meditação em silêncio, visualize uma luz branca ou violeta no topo da cabeça e busque momentos de contemplação. A prática de gratidão e de meditações de conexão com o divino também fortalecem esse centro, promovendo um estado de paz e de unidade.

Técnicas de Visualização e Intenção para a Interpretação de Sonhos: A visualização e a intenção antes de dormir são práticas que intensificam a conexão com o inconsciente e facilitam a interpretação dos sonhos. Antes de deitar-se, defina uma intenção clara sobre o que deseja compreender ou curar e visualize uma luz envolvendo o corpo, promovendo uma sensação de proteção e de paz.

Essa prática não só favorece a lembrança dos sonhos, mas também prepara o campo energético para a manifestação de insights durante o sono. Ao despertar, dedique alguns minutos à respiração consciente e à revisão do sonho, permitindo que cada detalhe se revele e se conecte aos chakras que necessitam de atenção.

Benefícios de Explorar Sonhos para o Equilíbrio dos Chakras: A exploração dos sonhos é um processo de autoconhecimento profundo, onde cada símbolo e cada sensação revelam aspectos do estado energético dos chakras. Ao entender as mensagens dos sonhos e aplicá-las em práticas de cura, fortalecemos o campo energético, dissolvemos bloqueios e promovemos um equilíbrio duradouro.

Essa prática regular oferece uma visão expandida sobre si mesmo e sobre os aspectos do inconsciente que influenciam o equilíbrio dos chakras. Com o tempo, a interpretação dos sonhos se torna uma ferramenta poderosa de transformação, promovendo uma vida em harmonia e alinhada com a essência interior e com o universo.

Capítulo 36
Chakra e Relações Interpessoais

As relações interpessoais refletem e influenciam diretamente o estado dos chakras. Nossas conexões com outras pessoas — familiares, amigos, parceiros e colegas — têm o poder de ativar, harmonizar ou desequilibrar nossos centros de energia. Cada chakra carrega uma dimensão que influencia nossas relações: desde a segurança e a confiança que sentimos (Chakra Raiz) até a expressão de nossa verdade (Chakra Laríngeo) e a conexão espiritual com o todo (Chakra Coronário). Quando aprendemos a identificar como cada chakra é afetado nas interações interpessoais, desenvolvemos uma compreensão mais profunda dos relacionamentos e dos aspectos energéticos que necessitam de equilíbrio.

A saúde dos chakras determina como vivenciamos e interpretamos as relações. Chakras equilibrados promovem uma convivência harmoniosa e respeitosa, onde limites saudáveis são estabelecidos e mantidos, e o fluxo de energia entre duas pessoas ocorre de maneira saudável e consciente. Por outro lado, quando algum chakra está desequilibrado, nossas interações podem se tornar desafiadoras, manifestando-se em forma de conflitos, inseguranças e padrões repetitivos que precisam ser reconhecidos e trabalhados.

Chakra Raiz e as Relações de Segurança e Estabilidade: O Chakra Raiz está intimamente ligado às questões de segurança, pertencimento e ancoramento nas relações. Esse chakra influencia o modo como estabelecemos confiança e nos conectamos em nível físico e emocional com as pessoas ao nosso redor. Em relações familiares ou de amizade profunda, um Chakra Raiz equilibrado promove um vínculo de proteção, apoio mútuo e lealdade.

No entanto, quando o Chakra Raiz está desequilibrado, podemos experimentar medo de abandono, dificuldade em confiar ou um apego excessivo. Essas inseguranças podem afetar o desenvolvimento de relações estáveis e saudáveis, gerando desconfiança e ansiedade. Para equilibrar o Chakra Raiz nas relações, pratique o aterramento e a visualização de raízes profundas que fortalecem seu senso de segurança interna, permitindo que você se sinta mais seguro nas interações e promova um ambiente de confiança.

Chakra Sacral e a Expressão Emocional nos Relacionamentos: O Chakra Sacral, localizado abaixo do umbigo, está relacionado à expressão das emoções, à criatividade e ao prazer. Esse chakra rege a intimidade e o compartilhamento emocional nas relações afetivas, influenciando a forma como expressamos nossas emoções e desejos. Em relações amorosas ou de amizade, um Chakra Sacral equilibrado promove uma comunicação emocional aberta, onde a vulnerabilidade é respeitada e aceita.

Quando o Chakra Sacral está bloqueado ou desequilibrado, podemos reprimir emoções, ter dificuldades em lidar com a intimidade ou experimentar relacionamentos superficiais e instáveis. Essas questões emocionais podem criar padrões de desconexão ou dependência nas interações interpessoais. Para fortalecer o Chakra Sacral, explore práticas de autoconhecimento e de expressão emocional, como a dança ou a arte, que promovam a liberdade de sentir e de compartilhar emoções de maneira genuína.

Chakra do Plexo Solar e a Autoconfiança nos Relacionamentos: O Chakra do Plexo Solar é o centro do poder pessoal e da autoestima, influenciando a forma como nos colocamos nas relações e expressamos nossos desejos e necessidades. Esse chakra nos ajuda a estabelecer limites saudáveis e a afirmar nossa individualidade, permitindo que nossas relações sejam baseadas no respeito e na igualdade.

Quando o Plexo Solar está em desequilíbrio, podemos experienciar insegurança, necessidade de aprovação constante ou dificuldades em afirmar nossos limites. Isso pode resultar em relações onde uma das partes domina a outra, ou em interações onde sacrificamos nossa própria vontade para agradar os outros. Para fortalecer o Chakra do Plexo Solar, concentre-se em práticas de autoconfiança, como afirmações positivas e exercícios que promovam a força pessoal, estabelecendo uma presença segura e equilibrada nas interações.

Chakra Cardíaco e a Compaixão nas Relações Interpessoais: O Chakra Cardíaco é o centro do amor, da empatia e da compaixão. Esse chakra influencia a forma como nos relacionamos de maneira amorosa e altruísta, promovendo o respeito, o perdão e o acolhimento nas relações. Em um Chakra Cardíaco equilibrado, nos sentimos conectados com os outros e abertos para compartilhar o amor incondicional.

Se o Chakra Cardíaco estiver bloqueado ou desequilibrado, podemos experimentar sentimentos de mágoa, ciúme e ressentimento, que dificultam a criação de vínculos saudáveis. Essas emoções podem criar barreiras nas relações, impedindo que o amor e a compaixão fluam naturalmente. Para equilibrar o Chakra Cardíaco, pratique o perdão, a empatia e a autoaceitação, cultivando a capacidade de amar de maneira incondicional e criando relacionamentos pautados pelo respeito mútuo.

Chakra Laríngeo e a Comunicação Verdadeira nas Interações: O Chakra Laríngeo, situado na garganta, é o centro da comunicação e da expressão autêntica. Esse chakra influencia a capacidade de falar a verdade e de se expressar de maneira clara e respeitosa. Quando o Chakra Laríngeo está equilibrado, nos sentimos confiantes para compartilhar nossos pensamentos e emoções, promovendo uma comunicação aberta e honesta nas relações.

Em desequilíbrio, o Chakra Laríngeo pode gerar dificuldades na comunicação, como timidez excessiva, medo de julgamento ou tendência a reprimir a própria voz. Essas questões podem levar a mal-entendidos e à falta de clareza nas interações. Para fortalecer o Chakra Laríngeo, explore práticas de expressão, como a escrita ou o canto, e concentre-se em cultivar uma comunicação autêntica e assertiva nas relações interpessoais.

Chakra Frontal e a Intuição nas Conexões com os Outros: O Chakra Frontal, também conhecido como Terceiro Olho, está relacionado à intuição e à percepção espiritual. Esse chakra nos ajuda a compreender as intenções e as energias das pessoas ao nosso redor, promovendo uma conexão mais profunda e intuitiva nas relações. Quando o Chakra Frontal está equilibrado, conseguimos ler as situações e as emoções com clareza, interpretando as energias dos outros de forma empática e compreensiva.

Se o Chakra Frontal estiver bloqueado, podemos experimentar confusão ou dificuldade em discernir as intenções das pessoas. Isso pode resultar em escolhas de relacionamento que não estão alinhadas com nossa verdadeira essência. Para equilibrar o Chakra Frontal, dedique-se a práticas de meditação e de visualização, cultivando a capacidade de perceber a verdade nas interações e de se conectar com a sabedoria interior ao lidar com os outros.

Chakra Coronário e a Unidade Espiritual nas Relações: O Chakra Coronário, localizado no topo da cabeça, é o centro da conexão com o divino e da consciência universal. Esse chakra influencia nossa capacidade de ver as pessoas e as relações como parte de um todo maior, promovendo uma perspectiva espiritual e compassiva nas interações. Em um Chakra Coronário equilibrado, experimentamos uma sensação de unidade com os outros e de conexão com o universo, o que nos permite viver as relações de maneira mais altruísta e elevada.

Quando o Chakra Coronário está bloqueado, podemos sentir desconexão e isolamento, o que dificulta o estabelecimento de vínculos profundos e genuínos. Para fortalecer esse chakra, pratique a meditação em silêncio, visualize uma luz branca no topo da cabeça e cultive momentos de contemplação espiritual, promovendo uma visão de unidade e de compaixão nas interações interpessoais.

Rituais e Práticas para Melhorar o Equilíbrio dos Chakras nas Relações: Existem várias práticas e rituais que ajudam a equilibrar os chakras e a melhorar as relações interpessoais. A prática da comunicação consciente, onde ouvimos ativamente e expressamos nossa verdade com respeito, é essencial para fortalecer o Chakra Laríngeo. Exercícios de visualização para cada chakra também são eficazes, promovendo uma harmonia energética que se reflete nas interações.

Além disso, o uso de afirmações positivas para cada chakra, como "Eu sou seguro e confiante" para o Chakra Raiz ou "Eu expresso minha verdade com clareza" para o Chakra Laríngeo, ajudam a criar um estado de presença e autenticidade. Essas práticas, quando realizadas com regularidade, promovem um estado de equilíbrio que fortalece o fluxo de energia e a harmonia nas relações.

Reflexão Final sobre Chakras e Relações Interpessoais: Compreender como cada chakra influencia as relações interpessoais nos permite viver de maneira mais consciente e empática. Cada interação revela aspectos de nosso próprio equilíbrio energético, e ao fortalecer nossos chakras, promovemos relações mais saudáveis, respeitosas e significativas. Ao cultivar essa consciência e trabalhar nos bloqueios que surgem, construímos uma base sólida de autoconhecimento que nos capacita a viver as relações de forma equilibrada, harmoniosa e espiritual.

Essa jornada de autodescoberta, ao mesmo tempo que nos leva a compreender e a curar nossas relações, fortalece o caminho de conexão com o Sagrado Feminino, onde cada chakra se torna um reflexo da unidade e da paz que buscamos tanto em nós mesmos quanto nos nossos relacionamentos.

Capítulo 37
Perdão e Liberação de Traumas

O perdão é uma das práticas mais profundas e transformadoras para a cura dos chakras e a liberação de traumas emocionais. Guardar ressentimentos, culpas e traumas pode gerar bloqueios energéticos que dificultam o fluxo natural de energia pelos chakras, influenciando nossa saúde mental, física e espiritual. O ato de perdoar, seja aos outros ou a si mesmo, dissolve essas amarras, permitindo que os centros de energia se harmonizem e promovendo uma sensação de paz e renovação interior.

Traumas e mágoas são energias que se acumulam ao longo do tempo nos chakras, afetando nossas relações, nossas emoções e até nossa capacidade de confiar em nós mesmos. Quando liberamos essas energias, não estamos apenas deixando de lado o que nos feriu, mas também abrindo espaço para que novos fluxos de energia tragam cura e equilíbrio. A prática do perdão, assim como a liberação de traumas, envolve um processo de autocompaixão e de aceitação, permitindo que cada chakra recupere sua pureza e vitalidade.

O Chakra Raiz e a Liberação de Traumas de Segurança e Pertencimento: O Chakra Raiz é o centro da segurança, da estabilidade e do senso de pertencimento. Traumas ligados a questões de sobrevivência, abandono ou experiências que abalaram a base emocional podem bloquear esse chakra, criando uma sensação de desconexão e insegurança. Quando o Chakra Raiz está em desequilíbrio devido a traumas, a pessoa pode se sentir constantemente ameaçada, desconfiada ou incapaz de confiar nos outros.

Para iniciar a liberação de traumas nesse chakra, visualize raízes profundas que o conectam com a Terra e permitam que as energias densas se dissolvam e sejam absorvidas pela terra. Use afirmações de pertencimento e segurança, como "Eu sou seguro e protegido", e pratique o perdão em relação a experiências passadas, promovendo uma sensação de enraizamento e paz.

O Chakra Sacral e a Cura de Traumas Emocionais e de Intimidade: O Chakra Sacral está relacionado às emoções, à criatividade e aos relacionamentos íntimos. Traumas nesse chakra frequentemente surgem de experiências de rejeição, abandono ou repressão emocional, gerando bloqueios que limitam a expressão autêntica e a abertura emocional. Quando o Chakra Sacral está bloqueado, a pessoa pode ter dificuldades em confiar nas relações ou expressar seus sentimentos de maneira genuína.

Para liberar esses traumas, a prática do perdão e a aceitação das próprias emoções são essenciais. Visualize uma luz laranja que flui livremente pelo chakra, dissolvendo memórias dolorosas e abrindo espaço para a expressão plena. Meditações com a água, como a visualização de um rio que leva embora os bloqueios emocionais, ajudam a criar um estado de renovação e liberdade interior.

O Chakra do Plexo Solar e a Liberação de Traumas de Poder Pessoal e Autoestima: O Chakra do Plexo Solar é o centro do poder pessoal e da autoestima. Traumas que afetam esse chakra geralmente estão relacionados a situações de humilhação, críticas ou experiências que enfraqueceram a autoconfiança. Quando o Plexo Solar está bloqueado, a pessoa pode se sentir impotente, com baixa autoestima ou excessivamente dependente da aprovação alheia.

Para curar traumas nesse centro, a prática do perdão envolve deixar de lado as críticas e julgamentos do passado, substituindo-os pela aceitação e pela autocompaixão. Visualize uma luz amarela brilhante que preenche o abdômen, promovendo a força e a determinação. Afirmações de autovalorização, como "Eu sou digno e capaz", e práticas de respiração profunda ajudam a fortalecer o poder pessoal e a autoestima, restaurando a energia do Plexo Solar.

O Chakra Cardíaco e o Perdão para a Cura do Coração: O Chakra Cardíaco é o centro do amor, da compaixão e das relações interpessoais. Traumas relacionados a decepções amorosas, perdas e ressentimentos afetam profundamente esse chakra, bloqueando a capacidade de amar e de perdoar. Quando o Chakra Cardíaco está bloqueado, a pessoa pode experimentar dificuldades em estabelecer conexões profundas, medo da vulnerabilidade ou uma sensação de amargura.

Para iniciar a cura desse chakra, é importante trabalhar o perdão, tanto para os outros quanto para si mesmo. Visualize uma luz verde ou rosa que preenche o coração, dissolvendo mágoas e trazendo uma sensação de calma e aceitação. Práticas de gratidão e meditações que cultivem o amor-próprio são fundamentais para restaurar a energia do Chakra Cardíaco, permitindo que ele se expanda e promova o fluxo do amor incondicional.

O Chakra Laríngeo e a Liberação de Traumas de Comunicação e Expressão: O Chakra Laríngeo é o centro da expressão e da verdade pessoal. Traumas que bloqueiam esse chakra geralmente estão relacionados a situações em que a pessoa foi silenciada, ignorada ou julgada. Esse tipo de bloqueio pode gerar medo de expressar a própria voz ou dificuldades em compartilhar a verdade de forma clara e autêntica.

Para liberar traumas no Chakra Laríngeo, pratique o perdão em relação às experiências de repressão, aceitando que todos têm direito a uma voz e a expressar o que sentem. Visualize uma luz azul clara preenchendo a garganta, limpando bloqueios e promovendo uma expressão verdadeira e compassiva. Práticas de canto, afirmações como "Eu expresso minha verdade com confiança" e exercícios de respiração podem ajudar a desbloquear o Chakra Laríngeo e a fortalecer a comunicação.

O Chakra Frontal e a Cura de Traumas de Intuição e Visão Interior: O Chakra Frontal, ou Terceiro Olho, está relacionado à intuição, à sabedoria interior e à percepção. Traumas que bloqueiam esse chakra geralmente envolvem experiências que abalaram a confiança na própria intuição, levando a um estado de dúvida ou confusão. Esse bloqueio pode dificultar a capacidade de tomar decisões e de interpretar os próprios sentimentos com clareza.

Para curar traumas no Chakra Frontal, visualize uma luz índigo no centro da testa que ilumina e limpa o espaço mental. Pratique o perdão em relação a erros passados e permita-se confiar na intuição. Meditações focadas na respiração e na visualização de cenários tranquilos ajudam a restaurar a clareza mental e a fortalecer a conexão com o conhecimento interno, promovendo a confiança e a visão intuitiva.

O Chakra Coronário e a Liberação de Traumas de Conexão Espiritual : O Chakra Coronário é o centro da conexão espiritual e da consciência universal. Traumas nesse chakra geralmente se manifestam como uma sensação de desconexão, isolamento ou falta de fé. Quando o Chakra Coronário está bloqueado, a pessoa pode se sentir desamparada, desconectada do divino e sem propósito, o que dificulta a abertura para uma conexão espiritual.

Para restaurar o equilíbrio desse chakra, visualize uma luz branca ou violeta no topo da cabeça, promovendo uma sensação de unidade e paz. Pratique o perdão em relação a experiências que causaram perda de fé ou desconexão, aceitando a própria jornada espiritual. A meditação em silêncio e práticas de contemplação ajudam a fortalecer a conexão com o universo e a promover uma sensação de integração e de paz espiritual.

Rituais de Perdão e Liberação para Cada Chakra: Para cada chakra, existem rituais de perdão e liberação que podem ser praticados para dissolver bloqueios específicos. Um ritual comum é escrever sobre experiências de dor e ressentimento em um papel e, em seguida, queimá-lo, visualizando que a fumaça leva embora as mágoas. Outro ritual é a prática da meditação de compaixão, onde se visualiza cada chakra sendo purificado pela luz e pela energia de amor incondicional.

Esses rituais promovem um processo de cura e de renovação, permitindo que os chakras recuperem sua vitalidade e seu fluxo natural. O perdão e a liberação de traumas são atos de autocompaixão e de aceitação que ajudam a cada pessoa a libertar-se das amarras do passado e a viver com maior leveza e paz interior.

O Poder do Perdão na Jornada de Cura e Alinhamento dos Chakras: O perdão é uma prática fundamental para o alinhamento dos chakras, pois permite que cada centro de energia se liberte de cargas emocionais e energéticas que impedem o fluxo harmonioso. Ao praticar o perdão, estamos promovendo não apenas a cura dos chakras, mas também uma transformação interior que fortalece o amor-próprio, a paz e o equilíbrio espiritual.

Essa jornada de perdão e de liberação de traumas é um processo contínuo, onde cada pessoa, ao desapegar-se das mágoas e do peso do passado, desperta uma nova capacidade de viver plenamente no presente. O caminho do perdão nos aproxima da essência do Sagrado Feminino, onde cada chakra se torna um portal de luz e de harmonia, promovendo uma vida de paz, compaixão e conexão espiritual.

Capítulo 38
Cultivo de Amor-Próprio

O amor-próprio é a base para uma vida equilibrada e plena. Cultivar o amor por si mesmo não é apenas uma prática de aceitação, mas um pilar essencial para o equilíbrio dos chakras e para o fortalecimento do campo energético. O amor-próprio nutre cada um dos chakras e se manifesta como uma fonte constante de autoestima, confiança e harmonia interior. Quando cultivamos o amor por nós mesmos, promovemos a liberação de bloqueios emocionais, nutrimos nosso espírito e estabelecemos uma base sólida de bem-estar.

O amor-próprio é uma prática contínua e profunda, que requer compaixão, paciência e aceitação das próprias imperfeições. Cada chakra se beneficia da energia gerada pelo amor-próprio, o que permite que o fluxo de energia se intensifique, criando um campo vibracional de autoconfiança e de paz. Esta prática envolve rituais de autocuidado, meditações de aceitação e práticas diárias que nos conectam com a nossa essência e nos permitem sentir a beleza do próprio ser.

Chakra Raiz e o Amor-Próprio como Segurança e Estabilidade: O Chakra Raiz representa o ancoramento e a sensação de segurança. Quando cultivamos o amor-próprio nesse chakra, criamos uma base de estabilidade interna que nos permite sentir segurança e pertencimento em qualquer situação. Esse amor-próprio envolve a aceitação de quem somos no plano material e nos conecta ao nosso corpo físico com gratidão e respeito.

Práticas de autocuidado que envolvem o corpo físico são essenciais para nutrir o Chakra Raiz. Exercícios físicos, alimentação equilibrada e atividades que promovam o contato com a natureza fortalecem a relação com o corpo e promovem uma sensação de estabilidade. A visualização de raízes que descem da base da coluna até a Terra, juntamente com a afirmação "Eu sou seguro e me aceito como sou", promove uma conexão de segurança e amor com o próprio corpo.

Chakra Sacral e o Amor-Próprio como Aceitação Emocional: O Chakra Sacral, ligado às emoções e à criatividade, floresce quando nutrimos o amor-próprio através da aceitação de nossos sentimentos e da valorização da autoexpressão. O amor-próprio nesse chakra nos permite aceitar as emoções como parte essencial da experiência humana, promovendo uma relação saudável com nossos desejos e anseios.

Para cultivar o amor-próprio no Chakra Sacral, permita-se sentir e expressar as emoções sem julgamento. Práticas de dança, expressão artística e meditações focadas na respiração e no movimento fluido ajudam a desbloquear a energia emocional e a desenvolver uma conexão de aceitação com o próprio ser. Visualize uma luz laranja brilhante e repita a afirmação "Eu aceito e honro minhas emoções", permitindo que o amor-próprio flua e se manifeste de forma natural.

Chakra do Plexo Solar e o Amor-Próprio como Autoconfiança: O Chakra do Plexo Solar, localizado na região do abdômen, é o centro do poder pessoal e da autoconfiança. Cultivar o amor-próprio nesse chakra significa fortalecer a capacidade de acreditar em si mesmo e de expressar a própria força interior com coragem e autenticidade. O amor-próprio aqui envolve a valorização das próprias habilidades e a confiança para manifestar sonhos e objetivos.

Para fortalecer o amor-próprio no Plexo Solar, pratique meditações de visualização de uma luz amarela que cresce e se expande a partir do abdômen, irradiando força e autoconfiança. Exercícios físicos que trabalhem essa região, como práticas de respiração profunda e posturas de ioga, também ajudam a revitalizar esse chakra. A afirmação "Eu sou capaz e confio em mim mesmo" reforça essa conexão e fortalece o poder pessoal.

Chakra Cardíaco e o Amor-Próprio como Compaixão e Autocuidado: O Chakra Cardíaco, centro do amor e da compaixão, é nutrido diretamente pelo amor-próprio. Cultivar o amor por si mesmo nesse chakra significa aceitar a si mesmo com gentileza, perdoando as imperfeições e reconhecendo o valor do próprio ser. Esse amor-próprio promove a autocompaixão, permitindo que a pessoa se cuide e se acolha com carinho.

Para desenvolver o amor-próprio no Chakra Cardíaco, pratique a meditação com a visualização de uma luz verde ou rosa brilhante no centro do peito, expandindo-se por todo o corpo. Pratique afirmações como "Eu me amo e me aceito incondicionalmente" e permita que o coração se encha de compaixão. Esse processo de autoaceitação promove a cura de feridas emocionais e fortalece a capacidade de amar e ser amado.

Chakra Laríngeo e o Amor-Próprio como Expressão Autêntica: O Chakra Laríngeo é o centro da comunicação e da expressão da verdade. O amor-próprio nesse chakra envolve a coragem de expressar-se com autenticidade, de falar o que sente e pensa sem medo de julgamento. Cultivar o amor-próprio aqui significa valorizar a própria voz e reconhecer o direito de ser ouvido e respeitado.

Para fortalecer o amor-próprio no Chakra Laríngeo, pratique afirmações como "Eu me comunico com clareza e autenticidade" e visualize uma luz azul brilhante na garganta, expandindo-se ao expressar suas ideias e sentimentos. Cantar, escrever ou falar em voz alta também ajudam a desbloquear a energia desse chakra e promovem uma comunicação genuína e segura.

Chakra Frontal e o Amor-Próprio como Intuição e Autopercepção: O Chakra Frontal, ou Terceiro Olho, é o centro da intuição e da sabedoria interior. O amor-próprio nesse chakra se manifesta como confiança na própria visão, como o ato de acreditar na intuição e de reconhecer o valor da própria percepção. Cultivar o amor-próprio nesse centro permite que a pessoa confie em sua capacidade de enxergar além das aparências e de tomar decisões com clareza e discernimento.

Para nutrir o amor-próprio no Chakra Frontal, dedique-se a práticas de meditação e de visualização, vendo uma luz índigo entre as sobrancelhas que se expande com cada respiração. Repita a afirmação "Eu confio na minha intuição e na minha sabedoria interior" e permita-se ouvir a própria voz interior. Essa prática fortalece a autoconfiança e promove uma conexão mais profunda com a própria verdade.

Chakra Coronário e o Amor-Próprio como Conexão Espiritual: O Chakra Coronário é o centro da espiritualidade e da conexão com o divino. O amor-próprio nesse chakra se manifesta como uma aceitação profunda de si mesmo como parte do universo, reconhecendo o próprio valor e o propósito espiritual. Esse amor-próprio promove uma sensação de paz e de unidade, permitindo que a pessoa se conecte com a essência divina que existe dentro de si.

Para cultivar o amor-próprio no Chakra Coronário, visualize uma luz branca ou violeta que envolve o topo da cabeça e se expande pelo corpo, promovendo uma sensação de serenidade e de unidade. A afirmação "Eu sou parte do universo e estou em paz comigo mesmo" fortalece essa conexão e promove um estado de harmonia espiritual. Meditações em silêncio e práticas de contemplação ajudam a aprofundar essa relação com o sagrado.

Práticas Diárias para Cultivar o Amor-Próprio nos Chakras: Integrar práticas diárias de amor-próprio é fundamental para manter os chakras alinhados e equilibrados. Inicie cada dia com uma afirmação positiva para cada chakra, promovendo uma base de autoconfiança e de paz interior. Além disso, o uso de cristais e de óleos essenciais específicos para cada chakra também auxilia na harmonização e no fortalecimento da energia de amor-próprio.

Outras práticas, como a escrita de um diário de gratidão, onde se registra o que se aprecia em si mesmo, e o autocuidado físico e emocional, promovem um estado constante de autocompaixão. Esses hábitos diários ajudam a construir uma relação positiva consigo mesmo, fortalecendo o campo energético e promovendo um equilíbrio duradouro nos chakras.

O Amor-Próprio como Alicerce da Jornada Espiritual: O amor-próprio é a base de toda transformação espiritual e do equilíbrio dos chakras. Ao desenvolver uma relação de respeito e de aceitação consigo mesmo, o indivíduo cria um ambiente interno propício para o crescimento e para a conexão com o Sagrado Feminino. O amor-próprio fortalece a autonomia, promove a paz interior e permite que a pessoa viva em harmonia consigo e com o universo.

Ao cultivar o amor por si mesmo, cada chakra se fortalece, refletindo essa energia em todos os aspectos da vida. O amor-próprio não é apenas um ato de autocuidado, mas uma prática espiritual que eleva o ser e promove a cura profunda, transformando a vida em uma expressão contínua de amor, compaixão e conexão com o divino.

Capítulo 39
Jornada de Autodescoberta e Propósito de Vida

A jornada de autodescoberta é um caminho de conexão profunda com a própria essência e o entendimento do propósito de vida. Alinhar-se com o propósito pessoal não é apenas uma meta, mas um processo contínuo de crescimento e transformação que envolve o equilíbrio dos chakras e a escuta intuitiva. Quando cada chakra está harmonizado, torna-se possível perceber com mais clareza as direções que estão em alinhamento com o propósito e as que se desviam dele, promovendo um estado de plenitude e realização.

Descobrir e viver o propósito de vida é como desbloquear uma fonte de energia vital. A clareza de propósito não só desperta a criatividade e o entusiasmo, como também fortalece o campo energético, irradiando uma força que influencia positivamente o ambiente e as pessoas ao redor. O processo de autodescoberta e de encontro com o propósito envolve práticas de introspecção, meditação e exploração da própria autenticidade, permitindo que cada chakra se torne um canal de expressão dessa missão interior.

Chakra Raiz e o Enraizamento no Propósito de Vida: O Chakra Raiz representa o vínculo com a Terra e a base da nossa existência. Ele fornece a segurança necessária para explorar o mundo e se conectar com o propósito de vida. Ao equilibrar o Chakra Raiz, fortalecemos o senso de pertencimento e a sensação de estar no lugar certo, criando uma base sólida para a autodescoberta e o crescimento.

Para fortalecer o vínculo com o propósito através do Chakra Raiz, conecte-se com práticas de aterramento, como caminhar descalço na natureza, realizar atividades físicas que fortaleçam o corpo ou meditar com a visualização de raízes que ancoram o corpo na Terra. Essas práticas criam uma base estável para explorar o próprio caminho, nutrindo a coragem e a segurança para trilhar a jornada do autoconhecimento.

Chakra Sacral e a Expressão Autêntica da Criatividade: O Chakra Sacral é o centro das emoções e da criatividade, representando a nossa capacidade de nos expressarmos de maneira autêntica. Esse chakra impulsiona a exploração das paixões e a manifestação de talentos e habilidades que são únicos para cada indivíduo. Ao trabalhar o Chakra Sacral, a pessoa se torna mais aberta para experimentar novas formas de expressão e para reconhecer os próprios dons.

Para fortalecer o Chakra Sacral na jornada de autodescoberta, envolva-se em atividades que estimulem a criatividade, como a arte, a música, a dança ou a escrita. Permita-se explorar seus talentos sem julgamentos e aceite as emoções que surgem durante esse processo. Visualize uma luz laranja vibrante que flui livremente e afirme: "Eu honro e expresso minha criatividade de forma autêntica". Esse trabalho fortalece o vínculo com o propósito e abre espaço para que a expressão genuína do ser flua de maneira natural.

Chakra do Plexo Solar e a Autoconfiança no Caminho da Vida: O Chakra do Plexo Solar é o centro do poder pessoal e da autoconfiança, representando a coragem para tomar decisões e seguir o próprio caminho. Esse chakra fornece a determinação e a força de vontade necessárias para enfrentar os desafios e as adversidades que surgem na busca do propósito de vida. Quando o Plexo Solar está equilibrado, a pessoa sente confiança e clareza em relação às próprias escolhas, avançando com determinação na jornada.

Para fortalecer o Chakra do Plexo Solar e a conexão com o propósito, visualize uma luz dourada brilhando no abdômen e afirme: "Eu confio em minha capacidade de seguir meu caminho com coragem e confiança". Exercícios que trabalhem a região do abdômen, como a respiração profunda e posturas de fortalecimento, ajudam a energizar esse chakra. Essa prática intensifica a força interior e promove a confiança necessária para trilhar a jornada de autodescoberta e propósito.

Chakra Cardíaco e o Propósito como Serviço ao Mundo: O Chakra Cardíaco, localizado no centro do peito, é o centro do amor, da compaixão e da conexão com o mundo. Esse chakra permite que o propósito de vida se manifeste não apenas como uma busca pessoal, mas como um serviço ao mundo. Quando estamos alinhados com o Chakra Cardíaco, nossas ações e escolhas se orientam pelo bem-estar do outro, promovendo harmonia e colaboração.

Para fortalecer o Chakra Cardíaco e aprofundar a conexão com o propósito de vida, pratique a compaixão e o autocuidado, lembrando-se de que o propósito é alimentado pelo amor que sentimos por nós mesmos e pelos outros. Visualize uma luz verde ou rosa que emana do coração, expandindo-se para o mundo ao seu redor, e repita a afirmação: "Eu compartilho meu propósito com o mundo com amor e compaixão". Essa prática fortalece a empatia e abre o coração para perceber o impacto positivo do próprio caminho.

Chakra Laríngeo e a Comunicação da Verdade Pessoal: O Chakra Laríngeo é o centro da comunicação e da expressão autêntica. Esse chakra é essencial para a jornada de autodescoberta e de propósito, pois nos ajuda a comunicar nossa verdade ao mundo e a agir de acordo com quem realmente somos. A autenticidade que emana do Chakra Laríngeo é uma expressão direta do propósito e permite que a pessoa viva com integridade e clareza.

Para fortalecer o Chakra Laríngeo e expressar o propósito de forma autêntica, pratique afirmações como "Eu expresso minha verdade com clareza e confiança" e visualize uma luz azul irradiando-se da garganta. Essa prática, aliada à escrita e à comunicação verbal consciente, ajuda a alinhar as palavras e as ações com o propósito, criando um canal claro para a expressão da essência interior.

Chakra Frontal e a Intuição como Guia na Jornada: O Chakra Frontal, também conhecido como Terceiro Olho, é o centro da intuição e da visão interior. Esse chakra nos ajuda a enxergar além das aparências e a perceber as direções que mais ressoam com o propósito de vida. Quando o Chakra Frontal está equilibrado, conseguimos discernir entre as influências externas e a verdadeira essência de nosso caminho, confiando em nossa intuição para tomar decisões.

Para fortalecer o Chakra Frontal na jornada de propósito, dedique-se a práticas de meditação e visualização que cultivem a intuição e a clareza mental. Visualize uma luz índigo brilhante no centro da testa e repita a afirmação: "Eu confio em minha intuição e sigo meu propósito com sabedoria". Essa prática promove a conexão com o conhecimento interno, permitindo que o propósito de vida se revele de forma clara e intuitiva.

Chakra Coronário e a Conexão Espiritual com o Propósito: O Chakra Coronário é o centro da espiritualidade e da conexão com a consciência universal. Esse chakra permite que o propósito de vida seja percebido como parte de um todo maior, integrando a jornada pessoal ao fluxo do universo. Quando o Chakra Coronário está alinhado, conseguimos ver o propósito como uma manifestação do divino, uma expressão da própria essência espiritual.

Para fortalecer o Chakra Coronário e a conexão com o propósito universal, visualize uma luz branca ou violeta no topo da cabeça e repita a afirmação: "Eu me conecto com meu propósito divino e estou em paz com minha jornada". Práticas de contemplação, meditação em silêncio e momentos de introspecção ajudam a fortalecer essa conexão espiritual e a compreender o propósito de forma mais profunda e integrada.

Práticas de Reflexão e Autoconhecimento para Descobrir o Propósito de Vida: A prática de reflexão é essencial para a descoberta e o alinhamento com o propósito de vida. Manter um diário de autoconhecimento é uma forma poderosa de explorar emoções, desejos e percepções que surgem ao longo da jornada. Reserve momentos para refletir sobre as atividades e situações que trazem alegria e satisfação, pois elas muitas vezes revelam o caminho do propósito.

Outra prática útil é a visualização do futuro, onde se imagina vivendo de acordo com o propósito e experimentando uma vida plena e alinhada. Essa visualização ajuda a criar um estado de motivação e clareza, permitindo que a pessoa veja e sinta o impacto positivo de viver em harmonia com sua missão interior.

A Conexão entre Propósito de Vida e Equilíbrio dos Chakras: O equilíbrio dos chakras é fundamental para o alinhamento com o propósito, pois cada chakra representa uma dimensão do ser que contribui para a clareza e a força da jornada pessoal. Quando os chakras estão equilibrados, o campo energético se torna mais harmonioso, promovendo a autoconfiança, a intuição e a paz interior. Esse equilíbrio cria uma base sólida para que o propósito seja vivido de forma plena, autêntica e consciente.

A busca pelo propósito de vida não é um objetivo fixo, mas um processo contínuo de autodescoberta, onde cada chakra desempenha um papel fundamental no fortalecimento e na expressão do ser. Ao cultivar essa conexão, cada pessoa se torna capaz de manifestar sua essência de maneira que contribui para o próprio crescimento e para o bem-estar do todo, promovendo uma jornada de realização e de conexão com o Sagrado Feminino.

Conclusão sobre a Jornada de Autodescoberta e Propósito: A jornada de autodescoberta e propósito é uma exploração profunda que envolve a integração dos chakras e o alinhamento com a verdade interior. Quando nos conectamos com nosso propósito, experimentamos uma vida de significado e de harmonia, onde cada ação se torna uma expressão da essência espiritual. Essa jornada promove o fortalecimento do amor-próprio, a paz e a conexão com o universo, criando um caminho de plenitude e de realização.

Capítulo 40
Criação de Espaços Sagrados

Criar um espaço sagrado é um ato de reverência que fortalece a conexão com o Sagrado Feminino e o equilíbrio dos chakras. Um espaço sagrado é um ambiente onde a energia está intencionalmente harmonizada para promover o bem-estar, a introspecção e a elevação espiritual. Quando estruturamos um ambiente com propósito e consciência, ele se torna um canal de paz e de conexão profunda, onde a prática espiritual, a meditação e os rituais para harmonização dos chakras se tornam mais poderosos e transformadores.

A criação de espaços sagrados envolve a disposição cuidadosa de elementos que nutrem a energia do ambiente e promovem um estado de tranquilidade e clareza. Esses espaços são especialmente importantes para práticas de alinhamento dos chakras, pois cada elemento escolhido e disposto intencionalmente contribui para harmonizar o campo energético e reforçar a conexão com a própria essência. A criação de um espaço sagrado é um gesto que transcende o material; é uma manifestação física do sagrado em nossa vida cotidiana, onde encontramos um refúgio para a cura e a autotransformação.

A Importância do Espaço Sagrado na Harmonia dos Chakras: Quando criamos um espaço sagrado, estamos não apenas organizando objetos e decorando o ambiente, mas também estabelecendo um campo vibracional que sustenta o equilíbrio dos chakras. Esses espaços canalizam energias de paz, segurança e harmonia, que ajudam a estabilizar o corpo energético e a promover o fluxo equilibrado dos chakras. Através da prática regular em um espaço sagrado, aumentamos nossa consciência sobre cada centro de energia e intensificamos os efeitos de nossas práticas de meditação, cura e autoconhecimento.

Um espaço sagrado é um lugar onde podemos retornar à nossa essência e cultivar uma conexão profunda com o divino e com o Sagrado Feminino. Ele se torna um ponto de ancoragem para o espírito, ajudando a purificar e a fortalecer os chakras. Esse ambiente sintonizado com nossas intenções espirituais permite que o corpo energético se ajuste e se renove, facilitando o trabalho interior e promovendo uma vida mais equilibrada e consciente.

Escolhendo o Local e a Intenção para o Espaço Sagrado: A escolha do local para o espaço sagrado é o primeiro passo na criação desse ambiente especial. Esse local deve ser tranquilo e livre de distrações, permitindo que a energia do espaço permaneça pura e concentrada. Pode ser um canto de um cômodo, um altar em uma sala ou até mesmo um espaço ao ar livre que permita a conexão com a natureza. A privacidade do ambiente ajuda a criar uma atmosfera propícia para práticas meditativas e de introspecção.

Além disso, é fundamental estabelecer uma intenção clara para o espaço. Pergunte a si mesma qual é o propósito deste local: promover a paz, fortalecer o autoconhecimento, elevar a espiritualidade? Essa intenção se torna a essência do espaço e orienta cada escolha feita, desde a decoração até os objetos que serão integrados. Com a intenção clara, o espaço sagrado reflete a jornada interior e torna-se um lugar de refúgio e renovação espiritual.

Elementos Fundamentais para a Criação de um Espaço Sagrado: Ao criar um espaço sagrado, escolha elementos que elevem a energia e promovam a harmonia dos chakras. Cada elemento tem uma vibração própria que influencia o campo energético do ambiente. Os elementos mais comuns incluem cristais, velas, plantas, incensos e objetos simbólicos, como estátuas ou imagens de divindades que inspiram conexão espiritual.

Cristais: Os cristais são excelentes para energizar e harmonizar o espaço sagrado. Cada cristal possui uma frequência específica que ressoa com chakras diferentes. A ametista, por exemplo, é ideal para o Chakra Frontal, promovendo clareza e intuição, enquanto o quartzo rosa fortalece o Chakra Cardíaco, incentivando o amor e a compaixão.

Velas: As velas representam a presença do fogo sagrado e promovem um ambiente de foco e serenidade. A chama da vela simboliza a luz interior e ajuda a intensificar as práticas meditativas. Escolha velas com cores que ressoem com os chakras que deseja trabalhar, como azul para o Chakra Laríngeo ou verde para o Chakra Cardíaco.

Plantas: Plantas vivas contribuem com a energia da natureza e ajudam a manter o ar puro e o ambiente fresco. Elas promovem uma sensação de vitalidade e de conexão com a Terra, especialmente o Chakra Raiz, criando um espaço mais acolhedor e energizante.

Altar: Um Centro de Poder Espiritual: O altar é o coração de um espaço sagrado e serve como ponto focal para a energia espiritual. Ele representa um local de devoção e de conexão com o divino e pode ser montado com objetos que refletem suas crenças, como imagens de divindades, símbolos espirituais ou objetos naturais. Um altar ajuda a canalizar a intenção e a concentrar a energia, permitindo que o espaço se torne um verdadeiro refúgio de paz e harmonia.

No altar, inclua itens que promovam a cura e o equilíbrio dos chakras, como cristais específicos para cada centro de energia, velas e óleos essenciais. Personalize o altar com objetos significativos, lembranças de viagens ou itens que inspirem a conexão com o Sagrado Feminino. A cada visita ao altar, a energia intencionada fortalece o campo espiritual, promovendo a paz e o equilíbrio necessários para a jornada de autoconhecimento e cura.

Limpeza Energética do Espaço Sagrado: A limpeza energética é essencial para manter o espaço sagrado livre de energias densas que possam afetar a qualidade das práticas espirituais. O uso de incensos, como sálvia, alecrim ou palo santo, purifica o ambiente e restaura a vibração harmoniosa. Passe o incenso ao redor do espaço e visualize a fumaça dissolvendo qualquer energia acumulada, purificando o campo e criando um ambiente renovado.

Outra prática poderosa é o uso de sons, como sinos, tigelas tibetanas ou música suave. O som purifica o ambiente e fortalece o campo vibracional do espaço, promovendo um estado de equilíbrio e de paz. Cada toque do sino ou cada batida na tigela tibetana dissipa bloqueios energéticos e restabelece a harmonia, permitindo que os chakras ressoem com a frequência elevada do espaço sagrado.

Uso de Aromaterapia e Óleos Essenciais para a Harmonia dos Chakras: A aromaterapia é uma prática poderosa para harmonizar o ambiente e promover o equilíbrio dos chakras. Óleos essenciais como lavanda, sândalo e ylang-ylang possuem propriedades que elevam a energia e ajudam a criar um estado de serenidade. Coloque um difusor no espaço sagrado e escolha óleos que ressoem com os chakras específicos que deseja trabalhar, criando uma atmosfera que facilita o trabalho espiritual e a cura.

Lavanda: Relaxante e purificadora, ressoa com o Chakra Frontal e o Chakra Cardíaco, promovendo paz e harmonia.

Sândalo: Essência espiritual, o sândalo ressoa com o Chakra Coronário, promovendo uma conexão mais profunda com o divino.

Ylang-Ylang: Conhecido por seu efeito calmante, o ylang-ylang ressoa com o Chakra Sacral, estimulando a expressão emocional e a autocompaixão.

Rituais para Fortalecer a Energia do Espaço Sagrado: Os rituais são momentos especiais que intensificam a energia do espaço sagrado e promovem uma conexão mais profunda com o Sagrado Feminino e o campo energético. Realizar rituais de abertura, como acender velas e fazer uma oração ou entoar um mantra, ajuda a fortalecer a energia do ambiente e a prepará-lo para as práticas espirituais. Esses rituais podem incluir meditações guiadas, cantos, danças ou até práticas de ioga que integrem o corpo e a mente no fluxo energético.

Ao encerrar uma prática ou ritual, é importante realizar uma cerimônia de encerramento, expressando gratidão pelo espaço e pela energia recebida. Esse gesto fortalece o vínculo com o espaço sagrado e mantém a intenção do ambiente, promovendo uma sensação de paz e de conexão que permanece ao longo do dia.

Meditação e Alinhamento dos Chakras no Espaço Sagrado: O espaço sagrado é ideal para meditações de alinhamento dos chakras, onde se visualiza cada centro de energia como uma luz brilhante que se intensifica e se harmoniza. Sente-se confortavelmente no espaço e inspire profundamente, visualizando cada chakra como uma esfera de luz em sua cor correspondente. Ao inspirar, imagine que essa luz se expande e se alinha, criando uma sensação de paz e de equilíbrio interior.

Essa prática de meditação ajuda a fortalecer os chakras e a conectar o corpo, a mente e o espírito. O ambiente sintonizado do espaço sagrado intensifica os efeitos da meditação, permitindo que o campo energético se harmonize e se renove. Essa prática regular promove um estado de bem-estar e prepara o espírito para a jornada de autoconhecimento e conexão com o Sagrado Feminino.

Conclusão sobre a Criação de Espaços Sagrados: A criação de um espaço sagrado é uma prática poderosa que nos conecta ao sagrado e ao equilíbrio interior. Esses ambientes harmonizados nos permitem estabelecer uma base de paz e de serenidade, onde cada prática e ritual se torna uma experiência de renovação e de elevação espiritual. Um espaço sagrado reflete o compromisso com o próprio crescimento e com a conexão espiritual, promovendo uma vida de harmonia e de equilíbrio energético que apoia a jornada de autoconhecimento e de cura.

Capítulo 41
Rituais de Conclusão e Integração

Ao longo da jornada de alinhamento dos chakras e de conexão com o Sagrado Feminino, os rituais de conclusão e integração assumem um papel essencial. Eles não apenas encerram um ciclo de aprendizado, mas também consolidam as transformações internas e promovem uma sensação de plenitude e gratidão. A integração das práticas energéticas e espirituais reforça o vínculo entre corpo, mente e espírito, permitindo que cada etapa do caminho seja absorvida e mantida em equilíbrio. Este é o momento de celebrar as conquistas, liberar o que não serve mais e honrar o processo de autodescoberta.

Os rituais de conclusão marcam um encerramento simbólico e energético, um momento de reflexão sobre o caminho percorrido e as mudanças que cada chakra experimentou. A energia, que antes fluía de maneira específica para cada chakra, agora se une e circula de forma harmoniosa, criando um estado de equilíbrio e de unidade interna. Essa etapa permite que os ensinamentos e as experiências vividas se tornem parte do dia a dia, mantendo a continuidade da jornada de desenvolvimento espiritual e de conexão com o Sagrado Feminino.

O Poder dos Rituais na Conclusão de Ciclos Espirituais: Os rituais de conclusão e integração simbolizam a gratidão pelo aprendizado e pelas práticas realizadas. Eles funcionam como uma celebração espiritual, onde cada passo dado é reconhecido e honrado. Esse reconhecimento e gratidão criam uma frequência elevada que se reflete em todos os chakras, promovendo a paz e o alinhamento interno. Realizar esses rituais nos ajuda a encerrar de forma consciente uma etapa de evolução, preparando-nos para novos ciclos de crescimento e expansão espiritual.

A conclusão consciente de um ciclo espiritual ajuda a manter a energia de cada chakra em equilíbrio, encerrando qualquer influência que possa ter ficado estagnada ou que necessite ser liberada. Essa limpeza e renovação promovem um campo energético mais leve e preparado para receber novas experiências. A cada ciclo de aprendizado encerrado, os chakras se tornam mais resilientes e fortalecidos, capazes de sustentar a energia necessária para as práticas diárias de autoconhecimento e de conexão com o divino.

Preparação para o Ritual de Conclusão e Integração: Antes de iniciar um ritual de conclusão, prepare-se fisicamente e espiritualmente para um momento de introspecção e de celebração. Escolha um local tranquilo, de preferência em seu espaço sagrado ou altar, e prepare o ambiente com elementos que promovam paz e harmonia, como velas, incensos, cristais e músicas suaves. Os itens simbólicos que representam sua jornada e cada chakra podem ser dispostos no altar, representando a integração dos centros de energia.

Respire profundamente e permita-se relaxar. Esse é um momento de conexão com sua essência, onde cada respiração ajuda a alinhar os chakras e a centralizar sua energia. Concentre-se na intenção de gratidão e de celebração pelo caminho percorrido, reconhecendo cada etapa da jornada e o desenvolvimento pessoal conquistado. Essa preparação é essencial para que o ritual seja conduzido com plena consciência e presença.

Passo a Passo para o Ritual de Conclusão e Integração: O ritual de conclusão e integração pode ser realizado com uma sequência de práticas que harmonizam e integram os chakras. A seguir, um exemplo de como conduzir esse ritual de forma significativa e respeitosa com a jornada espiritual:

Abertura e Invocação: Comece o ritual acendendo uma vela e fazendo uma oração ou invocação que representa sua intenção de gratidão e de conclusão. Conecte-se com o divino, com o Sagrado Feminino ou com a energia universal, pedindo orientação e proteção para o encerramento deste ciclo.

Gratidão por Cada Chakra: Concentre-se em cada chakra, começando pelo Chakra Raiz e subindo até o Chakra Coronário. Para cada chakra, faça uma breve reflexão sobre as lições, as transformações e os desafios vivenciados. Agradeça pelo crescimento e visualize cada chakra se preenchendo com luz, simbolizando o equilíbrio e a harmonia.

Liberação de Energias: Para liberar energias que não são mais necessárias, visualize uma luz branca envolvendo cada chakra, dissolvendo bloqueios e liberando qualquer emoção ou energia estagnada. Isso prepara os chakras para se integrarem plenamente, deixando para trás o que já não é útil para a próxima fase da jornada.

Meditação de Integração: Realize uma meditação guiada ou visualize um fluxo de luz que percorre todos os chakras, unindo-os em um só campo de energia luminosa. Sinta a energia de cada chakra se entrelaçando, promovendo um estado de unidade e completude. Permita que esse estado de harmonia seja absorvido em seu ser, promovendo paz e equilíbrio.

Afirmações de Encerramento: Em voz alta ou mentalmente, pronuncie afirmações de encerramento, como: "Eu honro e celebro minha jornada de autoconhecimento", "Eu integro e harmonizo todos os meus chakras" ou "Eu agradeço por cada etapa do meu desenvolvimento espiritual." Essas afirmações selam o ciclo de aprendizado e promovem uma sensação de gratidão.

Encerramento e Agradecimento: Para finalizar o ritual, faça uma oração de agradecimento pelo ciclo concluído e pela proteção recebida. Se desejar, faça uma oferenda simbólica, como flores ou frutos, ao altar como gesto de gratidão. Apague a vela ou o incenso, simbolizando o encerramento desse ciclo com reverência e paz.

A Celebração do Crescimento e da Transformação Espiritual: O ritual de conclusão e integração é uma oportunidade de celebrar o crescimento e a transformação vividos ao longo da jornada espiritual. Cada chakra representa uma parte da evolução pessoal e, ao celebrar essas conquistas, reafirmamos a confiança na nossa capacidade de nos harmonizarmos e de nos conectarmos com o divino. Essa celebração nos permite ver a jornada como um ciclo contínuo, onde cada conclusão é o início de um novo aprendizado e de uma nova fase de crescimento.

A celebração é essencial para manter a motivação e o entusiasmo ao longo da jornada espiritual. Quando comemoramos nossas realizações, valorizamos a dedicação e o compromisso com o autoconhecimento, o que fortalece o campo energético e promove o amor-próprio. Essa energia de celebração eleva a frequência dos chakras, mantendo-os equilibrados e promovendo um estado de alegria e de gratidão que reflete em todas as áreas da vida.

Incorporando os Aprendizados do Ciclo Concluído no Cotidiano: Após o ritual de conclusão, os aprendizados e insights do ciclo concluído devem ser integrados ao cotidiano para promover uma continuidade na prática espiritual e no autoconhecimento. Os rituais e meditações realizados ao longo da jornada podem se tornar práticas diárias ou semanais, ajudando a manter o equilíbrio dos chakras e a fortalecer a conexão com o Sagrado Feminino.

Estabeleça pequenas ações diárias que mantenham os chakras harmonizados, como a prática de afirmações, a meditação ou a autoconsciência em relação às emoções e aos pensamentos. Essas práticas ajudam a consolidar as mudanças internas e promovem uma base sólida para o próximo ciclo de aprendizado e crescimento. A integração contínua dos ensinamentos vividos proporciona uma vida mais equilibrada e consciente, onde cada chakra se torna um reflexo do desenvolvimento pessoal e espiritual.

A Continuidade da Jornada Espiritual e o Sagrado Feminino: Concluir um ciclo e integrar os aprendizados é um ato que fortalece a conexão com o Sagrado Feminino. Essa jornada cíclica reflete o movimento constante da vida, onde cada etapa de transformação é uma preparação para novos desafios e realizações. O Sagrado Feminino ensina que o crescimento espiritual é contínuo, e que cada conclusão é o ponto de partida para novas descobertas.

Essa visão da jornada como um ciclo contínuo de aprendizado e evolução permite que cada pessoa se conecte profundamente com a própria essência e com o divino. A continuidade do caminho espiritual fortalece o autoconhecimento e promove um estado de paz e de harmonia com o universo, onde cada experiência é uma oportunidade de crescimento e de conexão com o sagrado.

Conclusão sobre Rituais de Conclusão e Integração: Os rituais de conclusão e integração são um ponto culminante da jornada de equilíbrio dos chakras e de conexão com o Sagrado Feminino. Eles encerram um ciclo com gratidão e reverência, promovendo a integração dos ensinamentos e preparando o espírito para novas fases de crescimento e de aprendizado. Esses rituais nos lembram da importância de honrar cada etapa da jornada e de celebrar o desenvolvimento pessoal e espiritual que cada ciclo traz.

Através desses rituais, cada chakra se harmoniza e se fortalece, promovendo uma vida de paz, equilíbrio e conexão espiritual. O caminho de autoconhecimento é contínuo, e os rituais de conclusão e integração são marcos que iluminam esse percurso, trazendo clareza, serenidade e um profundo sentido de unidade com o universo e com o sagrado.

Capítulo 42
Prática de Alinhamento Diária

Manter o equilíbrio dos chakras é um exercício contínuo, que requer práticas diárias de harmonização e atenção ao campo energético. Incorporar uma rotina de alinhamento dos chakras permite que o fluxo de energia se mantenha constante, promovendo equilíbrio, clareza e um fortalecimento da conexão com o Sagrado Feminino. Essa prática diária não precisa ser longa; pode ser composta por pequenos rituais, meditações rápidas e exercícios de visualização que, de forma cumulativa, ajudam a preservar a integridade dos chakras e a estabilidade energética.

A prática diária de alinhamento se torna uma âncora no cotidiano, proporcionando um momento de introspecção e de fortalecimento do campo áurico. O estado de equilíbrio dos chakras reflete diretamente na saúde física, emocional e espiritual, oferecendo a base necessária para lidar com desafios diários e promover o bem-estar. Com o tempo, essas práticas se tornam parte da rotina, criando um estilo de vida onde o autoconhecimento e a conexão espiritual se entrelaçam com as atividades diárias.

Estabelecendo a Intenção para o Alinhamento dos Chakras: Antes de iniciar a prática de alinhamento diário, estabeleça uma intenção clara para o processo. Essa intenção pode ser específica para um chakra que precise de mais atenção ou geral, visando o equilíbrio integral dos centros de energia. A intenção direciona a prática e amplifica o efeito, pois cada chakra responde à energia consciente que lhe é dirigida.

A intenção também ajuda a conectar o corpo e a mente ao propósito da prática. Seja para promover a calma, a vitalidade, a intuição ou o amor-próprio, esse foco inicial cria uma base sólida para que cada exercício e visualização sejam realizados com plena presença. Respirar profundamente ao definir a intenção ajuda a centralizar a mente e a preparar o campo energético para o alinhamento.

A Prática da Respiração Consciente para Alinhar os Chakras: A respiração consciente é uma das práticas mais eficazes e acessíveis para alinhar os chakras. Cada chakra responde ao fluxo de ar que entra e sai do corpo, e a respiração consciente ajuda a dissolver bloqueios e a estimular o fluxo de energia. Ao inspirar profundamente, visualize a energia preenchendo cada chakra, e ao expirar, imagine qualquer tensão sendo liberada.

Para uma prática de respiração consciente voltada ao alinhamento dos chakras, comece no Chakra Raiz e suba até o Chakra Coronário, concentrando-se em um chakra de cada vez. Inspire, sentindo a energia preencher o chakra, e expire suavemente, relaxando e visualizando o equilíbrio energético. Essa prática pode ser realizada em qualquer momento do dia, promovendo uma reconexão rápida e eficaz com o fluxo interno de energia.

Visualização para Alinhamento Completo dos Chakras: A visualização é uma técnica poderosa para o alinhamento dos chakras, pois o ato de imaginar cada chakra em equilíbrio estimula a harmonização energética. Para realizar essa prática, visualize cada chakra como uma esfera de luz em sua cor correspondente: vermelho para o Chakra Raiz, laranja para o Chakra Sacral, amarelo para o Plexo Solar, verde para o Chakra Cardíaco, azul para o Chakra Laríngeo, índigo para o Chakra Frontal e violeta para o Chakra Coronário.

Visualize a luz de cada chakra crescendo e brilhando intensamente, e permita-se sentir a harmonia que essa imagem traz. Essa prática pode ser feita ao acordar, para começar o dia com alinhamento, ou antes de dormir, para equilibrar a energia ao final do dia. A visualização ajuda a reenergizar cada chakra e a promover um estado de paz e de equilíbrio integral.

Meditações de Alinhamento Rápidas e Eficazes: A meditação é uma prática central no processo de alinhamento dos chakras. Em uma rotina diária, meditações rápidas, com duração de cinco a dez minutos, podem ser extremamente eficazes. Concentre-se em sua respiração e visualize a energia subindo pela coluna vertebral, passando por cada chakra até o topo da cabeça. Sinta a energia fluir, nutrindo e equilibrando cada centro de energia.

Essas meditações podem incluir mantras ou sons específicos para cada chakra, como o som "LAM" para o Chakra Raiz, "VAM" para o Chakra Sacral e assim por diante. Repetir esses sons ajuda a sintonizar os chakras com a frequência apropriada e a manter o fluxo energético. Ao terminar, respire profundamente e leve essa sensação de equilíbrio para o restante do dia, promovendo um campo energético estável e harmonioso.

Prática de Afirmações Positivas para Cada Chakra: As afirmações positivas são uma ferramenta poderosa para reforçar o equilíbrio dos chakras, pois as palavras têm uma frequência que afeta diretamente o campo energético. Cada chakra pode ser nutrido por uma afirmação específica que fortaleça suas qualidades. Por exemplo, para o Chakra Raiz, use afirmações como "Eu estou seguro e enraizado"; para o Chakra Cardíaco, "Eu me amo e sou amado".

Recitar as afirmações pela manhã, diante de um espelho ou em voz alta, ajuda a integrar essas energias no campo áurico. As afirmações criam um estado mental positivo e promovem um senso de autoconsciência que se reflete nos chakras, ajudando a dissolver bloqueios emocionais e a reforçar o bem-estar.

Exercícios Físicos para Revitalização dos Chakras: A atividade física, especialmente movimentos conscientes como ioga e alongamentos, é fundamental para o alinhamento dos chakras. Posturas específicas de ioga, como a postura da montanha para o Chakra Raiz ou a postura da cobra para o Chakra do Plexo Solar, ajudam a estimular e equilibrar esses centros de energia. A prática física desperta o corpo, ativa os chakras e promove uma sensação de vitalidade.

Incorpore exercícios de respiração e alongamento ao iniciar o dia, focando na região de cada chakra e visualizando a energia sendo ativada. Esses movimentos ajudam a manter o fluxo energético e a evitar bloqueios, promovendo uma conexão integrada entre corpo e mente e aumentando a sensação de bem-estar.

Autocuidado como Prática de Alinhamento Energético: O autocuidado, em suas diversas formas, é uma prática essencial para manter os chakras equilibrados. Práticas como banhos energéticos, massagem, sono reparador e alimentação saudável são ações que sustentam o bem-estar físico e energético. Essas práticas diárias fortalecem o corpo e promovem um estado de paz e de harmonia que reflete nos chakras, ajudando a manter o equilíbrio.

Incorpore elementos de autocuidado que nutram seu campo energético, como o uso de óleos essenciais, cristais e alimentos que fortaleçam cada chakra. Esse cuidado diário contribui para um estado de alinhamento profundo, onde corpo, mente e espírito se harmonizam e promovem uma vida mais equilibrada e satisfatória.

Prática de Conexão com a Natureza para Revitalização dos Chakras: A natureza possui uma energia que promove a harmonia e o equilíbrio dos chakras de forma natural. Passeios ao ar livre, caminhar descalço na terra ou à beira de um rio, e a prática de observação da natureza ajudam a recarregar e a revitalizar o campo energético. A natureza conecta diretamente com o Chakra Raiz, promovendo estabilidade e aterramento, e sua energia se distribui por todos os chakras.

Reserve momentos para se conectar com a natureza, observando a sua beleza e sentindo a paz que ela proporciona. Essa prática cria uma harmonia natural que fortalece o alinhamento dos chakras e desperta uma sensação de conexão profunda com o universo e com o Sagrado Feminino.

Estabelecendo uma Rotina Diária de Alinhamento dos Chakras: Para que a prática de alinhamento dos chakras seja eficaz, ela deve fazer parte de uma rotina estruturada. Defina um horário específico, seja pela manhã ou à noite, e escolha uma combinação de práticas que melhor se adapte ao seu ritmo. Essa constância fortalece o campo energético e permite que o alinhamento dos chakras se torne um hábito, promovendo um bem-estar duradouro.

Uma rotina diária pode incluir uma breve meditação ao acordar, uma afirmação para cada chakra e uma visualização de equilíbrio antes de dormir. Essa estrutura cria uma base de harmonia que sustenta o equilíbrio dos chakras ao longo do dia, permitindo que a energia flua de maneira estável e promova um estado de paz e de vitalidade.

O Impacto das Práticas Diárias na Vida Espiritual e Emocional: A prática diária de alinhamento dos chakras traz benefícios profundos para a vida espiritual e emocional. Com o tempo, ela promove uma autocompreensão mais profunda e uma resiliência emocional que permite lidar com desafios de forma equilibrada. A prática diária aumenta a sensibilidade aos estados dos chakras, facilitando a percepção de bloqueios e a necessidade de ajustá-los conforme necessário.

O impacto dessa rotina de alinhamento se estende para todas as áreas da vida, promovendo relações mais saudáveis, um trabalho mais equilibrado e uma conexão mais profunda com o propósito e a espiritualidade. Essa prática cria uma base sólida para o autoconhecimento e o crescimento pessoal, sustentando um caminho contínuo de transformação e de elevação.

Conclusão sobre a Prática de Alinhamento Diária: A prática diária de alinhamento dos chakras é um caminho de autodescoberta e de conexão com o Sagrado Feminino. Ela fortalece o campo energético e promove um estado de paz e de bem-estar que se reflete em todas as dimensões da vida. Incorporar essas práticas na rotina permite que o equilíbrio dos chakras se torne parte da jornada espiritual, promovendo uma vida de harmonia e de expansão espiritual.

Ao praticar diariamente o alinhamento dos chakras, criamos uma relação profunda com nossa energia e nos tornamos mais conscientes do fluxo vital que nos sustenta. Esse compromisso diário é uma expressão de amor e de respeito por si mesmo, onde cada prática nos aproxima do equilíbrio interior e da paz espiritual que buscamos.

Capítulo 43
Continuidade

A jornada de equilíbrio dos chakras e de conexão com o Sagrado Feminino é um caminho sem fim, marcado por ciclos de aprendizado, crescimento e renovação. A prática de autoconhecimento e de harmonização energética transforma não apenas a maneira como percebemos o mundo, mas também a nossa relação com o próprio ser. Através dos chakras, exploramos uma conexão profunda com o corpo, a mente e o espírito, descobrindo que cada centro de energia nos revela uma faceta de nossa própria essência. Com a prática contínua, essa jornada se torna uma celebração da vida e uma expressão de nossa própria espiritualidade.

O alinhamento dos chakras nos ensina que o bem-estar e a harmonia vêm de dentro, e que a paz e a plenitude são estados alcançáveis quando nos comprometemos com o cuidado e o equilíbrio interno. Cada experiência, cada prática e cada reflexão ao longo do caminho reforçam a importância de manter viva a conexão com o Sagrado Feminino, honrando a própria existência e a profundidade de cada ciclo. A reflexão final sobre essa jornada é, ao mesmo tempo, uma preparação para o que está por vir, uma vez que a busca pela integração e pelo equilíbrio continua em cada novo passo.

A Evolução Constante do Caminho Espiritual: Concluída a jornada inicial de exploração e prática com os chakras, é natural perceber que o caminho espiritual é contínuo e dinâmico. Cada estágio da vida apresenta novos desafios e aprendizados que nos convidam a olhar novamente para dentro, revisitando os centros de energia e fortalecendo o campo áurico.

A prática de autoconhecimento e de equilíbrio energético é, portanto, uma espiral de evolução, onde cada ciclo aprofunda nossa compreensão e nosso vínculo com o Sagrado Feminino. A continuidade dessa jornada nos lembra que o desenvolvimento espiritual nunca se estagna. Mesmo os momentos de pausa ou de dificuldades têm seu propósito, pois nos ajudam a ver com mais clareza o que precisa ser curado, fortalecido ou liberado. A cada retorno ao trabalho com os chakras, trazemos uma nova perspectiva e uma nova intenção, o que fortalece a energia e a conexão com o divino. Essa espiral de evolução nos permite viver de forma mais autêntica e compassiva, reconhecendo a beleza e a profundidade do próprio caminho.

Integração dos Aprendizados na Vida Cotidiana: Uma vez que a jornada de equilíbrio dos chakras tenha sido vivida e compreendida, o próximo passo é integrar esses aprendizados na rotina cotidiana. A harmonia dos chakras não deve se limitar aos momentos de meditação ou de prática espiritual; ao contrário, é importante que essa energia de equilíbrio e de paz se manifeste em todos os aspectos da vida. Cada chakra, como fonte de diferentes tipos de energia, contribui para a criação de uma vida mais plena, onde a expressão, a criatividade, a confiança e a compaixão guiam as interações e as decisões diárias.

Incorporar os aprendizados dos chakras na vida prática pode incluir hábitos como a respiração consciente em momentos de estresse, a visualização de luz e cores para fortalecer o campo energético, ou o uso de afirmações que alinhem os pensamentos e as emoções com a energia que desejamos manter. Essas práticas tornam o equilíbrio dos chakras um recurso constante, promovendo um estado de bem-estar e de vitalidade que se reflete na maneira de viver e de interagir com o mundo.

Mantendo a Conexão com o Sagrado Feminino: A jornada de alinhamento dos chakras também fortalece a conexão com o Sagrado Feminino, revelando que essa energia está presente em todas as fases e aspectos da vida. Manter essa conexão viva é uma forma de honrar o próprio ser e de reconhecer a importância de cuidar de si mesma com compaixão e respeito. O Sagrado Feminino nos ensina que a força e a beleza existem na suavidade, e que a espiritualidade não precisa estar distante da realidade cotidiana.

Para cultivar essa conexão com o Sagrado Feminino, reserve momentos para celebrar sua própria essência e a natureza cíclica da vida. Práticas simples, como observar as fases da lua, celebrar os ciclos da natureza e dedicar tempo para ouvir a própria intuição, reforçam a presença dessa energia. Cada ciclo lunar ou estação do ano oferece a oportunidade de revisar os aprendizados, de renovar intenções e de celebrar a jornada espiritual, mantendo viva a conexão com o divino feminino que habita dentro de cada um de nós.

Aceitando os Ciclos de Transformação e Renovação: A jornada dos chakras nos ensina que a transformação é parte natural da vida, e que cada fase de mudança traz consigo novas possibilidades de crescimento e de autoconhecimento. Assim como a energia dos chakras flui e se transforma, nossa vida também é marcada por ciclos de renascimento e de renovação. Aceitar esses ciclos é reconhecer que cada momento de vida tem seu propósito, e que o equilíbrio não é um estado fixo, mas uma dança constante de adaptação e de fluidez.

A cada etapa de renovação, nos conectamos com uma versão mais autêntica de nós mesmos, onde as lições aprendidas nos fortalecem e nos preparam para novos desafios. Cada transformação é uma oportunidade de rever o estado dos chakras, permitindo que a energia flua de maneira mais livre e leve. Aceitar esses ciclos nos ajuda a viver com mais resiliência e a ver a vida como um campo de aprendizado contínuo, onde cada experiência nos aproxima do autoconhecimento e da conexão espiritual.

Comprometendo-se com a Prática Contínua de Alinhamento: A prática de alinhamento dos chakras é uma jornada que se beneficia da constância e do compromisso. Comprometer-se com a prática diária, semanal ou mensal ajuda a manter a energia em equilíbrio e a evitar que bloqueios se acumulem. Esse compromisso é um ato de amor-próprio e de cuidado com o campo energético, promovendo um estado de paz e de clareza que se reflete em todos os aspectos da vida.

Mesmo que não seja possível realizar práticas longas todos os dias, pequenas ações, como alguns minutos de respiração consciente, visualização ou recitação de afirmações, podem fazer uma grande diferença. Esse compromisso com o próprio bem-estar energético cria uma base sólida para o desenvolvimento espiritual e fortalece o vínculo com o Sagrado Feminino, promovendo uma vida mais equilibrada e em harmonia com a essência do ser.

Reflexão sobre o Caminho Percorrido e os Princípios Acolhidos: Ao concluir um ciclo de aprendizado, é fundamental refletir sobre o caminho percorrido e os princípios acolhidos ao longo da jornada. Essa reflexão ajuda a integrar cada ensinamento, honrando o que foi vivido e reconhecendo o próprio crescimento. Revisite suas práticas favoritas, os momentos mais marcantes e as transformações que se manifestaram em sua vida, celebrando cada passo dado em direção ao autoconhecimento.

Essa autoavaliação permite que a pessoa reconheça suas forças e desafios, compreendendo quais práticas e lições são mais significativas para sua evolução pessoal. O caminho percorrido não é apenas um reflexo do aprendizado dos chakras, mas também um retrato de como a vida se transforma quando nos permitimos ouvir a própria voz interior e seguir em direção ao equilíbrio e à paz espiritual.

A Jornada dos Chakras como Caminho para o Propósito e o Autoconhecimento: O equilíbrio dos chakras não é apenas uma prática energética; é um caminho para a descoberta do propósito e para o autoconhecimento. À medida que cada chakra se alinha e flui harmoniosamente, a pessoa passa a se conectar com uma versão mais autêntica de si mesma, revelando seus talentos, paixões e missão de vida. Essa jornada nos ajuda a ver que o propósito é algo que vive em cada um, e que ele se manifesta quando o corpo, a mente e o espírito estão em harmonia.

O autoconhecimento que surge da jornada dos chakras fortalece a confiança no próprio caminho, permitindo que cada pessoa expresse seu potencial máximo e viva com autenticidade e compaixão. Esse caminho é um convite a viver a vida como uma expressão constante do ser interior, onde cada chakra contribui para a manifestação de uma existência plena e significativa.

O Legado de uma Jornada Espiritual: Ao final de um ciclo de aprendizado sobre os chakras e o Sagrado Feminino, deixamos um legado para nós mesmos e para aqueles ao nosso redor. Esse legado é a soma de cada prática, cada transformação e cada experiência que nos fortaleceu e nos aproximou da nossa essência. O trabalho espiritual com os chakras nos ensina que a verdadeira força vem de dentro, e que, ao cuidar de nossa energia, contribuímos para um mundo mais harmonioso e compassivo.

Esse legado é uma fonte de inspiração para futuras jornadas, pois os aprendizados de hoje se tornam as bases para o crescimento de amanhã. A conexão com o Sagrado Feminino e o alinhamento dos chakras nos mostram que a vida é um campo fértil para o desenvolvimento espiritual, e que cada passo dado em direção ao autoconhecimento contribui para um estado de paz e de unidade com o universo.

Encerrando a Jornada com Gratidão e Reverência: Encerrar a jornada dos chakras é um momento de profunda gratidão e reverência. Agradeça a si mesma pela dedicação, ao universo pela orientação e ao Sagrado Feminino pela presença constante. Essa gratidão fortalece o vínculo com a espiritualidade e abre o coração para novas experiências e aprendizados, permitindo que o ciclo de autoconhecimento continue com leveza e amor.

A jornada espiritual com os chakras é uma celebração do ser, uma dança de energia e de luz que conecta a pessoa à sua própria essência e ao divino. Que cada etapa desse caminho seja lembrada com carinho e que cada prática inspire novos ciclos de transformação e de conexão com o sagrado, promovendo uma vida plena, harmoniosa e em profunda comunhão com o universo.

Epílogo

Ao final desta jornada, há uma sutil transformação no ar. Tu percorreste as trilhas de uma sabedoria que, embora ancestral, sempre esteve viva em teu interior, esperando por este momento para despertar. O Sagrado Feminino, assim como o alinhamento dos chakras que harmonizam corpo e espírito, agora pulsa em tua vida, convidando-te a manter vivo o equilíbrio que reencontraste. Sabes, agora, que esta viagem não termina aqui, pois o despertar é um processo contínuo, uma dança entre tua essência e o universo que se expande a cada ciclo, a cada respiração.

O que aprendeste é mais do que um conhecimento; é uma prática que te acompanha a cada novo passo. Nos dias que virão, teus centros de energia continuarão a ressoar com tudo que foi descoberto, e tu carregarás essa paz silenciosa e essa presença renovada para cada instante da tua vida. A conexão com o Sagrado Feminino, que em ti floresceu, agora te proporciona um entendimento mais profundo e gentil de ti mesmo e dos outros. A prática do autocuidado, a valorização da intuição e a receptividade às forças da natureza e do cosmos tornaram-se teus aliados na jornada da vida, renovando a cada instante tua conexão com o divino.

O final deste livro é, portanto, uma porta de passagem. Ele não se fecha em uma conclusão, mas se abre para novas experiências e descobertas que aguardam. A sabedoria dos chakras, o pulsar da Kundalini e o poder do Sagrado Feminino são agora parte de ti, integrados ao teu ser, a tua forma de ver e sentir o mundo. A conexão com teu próprio corpo, com a natureza e com a energia que circula entre todos os seres te proporciona uma visão de unidade e interdependência. E neste estado de harmonia, és um canal através do qual a energia do amor e da compaixão se irradia, beneficiando a ti e a todos ao teu redor.

Ao fechares esta última página, leva contigo o entendimento de que o despertar espiritual é um compromisso com o próprio coração, uma renovação constante da decisão de viver em sintonia com a tua verdade mais pura. Que cada novo amanhecer traga consigo a lembrança de que és parte de algo vasto, de uma dança eterna e sagrada que une a energia do teu ser ao universo em expansão.

Milton Keynes UK
Ingram Content Group UK Ltd.
UKHW041944181124
451360UK00008B/932